产业技术创新战略联盟动态稳定性建模及协同机制研究

基于云南省的实证分析

刘永松　段云龙　著

经济管理出版社

ECONOMY & MANAGEMENT PUBLISHING HOUSE

图书在版编目（CIP）数据

产业技术创新战略联盟动态稳定性建模及协同机制研究：基于云南省的实证分析/刘永松，段云龙著 .—北京：经济管理出版社，2022.8
ISBN 978-7-5096-8674-4

Ⅰ.①产⋯　Ⅱ.①刘⋯②段⋯　Ⅲ.①产业—技术革新—研究—云南　Ⅳ.①F269.277.4

中国版本图书馆 CIP 数据核字（2022）第 156367 号

组稿编辑：陆雅丽
责任编辑：杜　菲
责任印制：许　艳
责任校对：王淑卿

出版发行：经济管理出版社
　　　　　（北京市海淀区北蜂窝 8 号中雅大厦 A 座 11 层　100038）
网　　址：www. E-mp. com. cn
电　　话：(010) 51915602
印　　刷：唐山玺诚印务有限公司
经　　销：新华书店
开　　本：720mm×1000mm/16
印　　张：13.75
字　　数：197 千字
版　　次：2023 年 1 月第 1 版　2023 年 1 月第 1 次印刷
书　　号：ISBN 978-7-5096-8674-4
定　　价：78.00 元

前　言

在两个一百年奋斗目标的历史交汇点上，在国家创新战略的深层驱动与发展引领下，我国产业技术创业战略联盟迎来了新的发展机遇，同时也面临着风险与挑战。本书立足于创新驱动发展战略，以创新型国家建设为背景，基于创新管理、战略管理、协同管理与系统工程理论，对产业技术创新战略联盟动态稳定性及协同机制进行深入研究，并以云南省为例进行实证分析。

首先，基于社会网络理论、共生理论、资源基础理论与知识管理理论，构建本书的理论基础，并结合创新实践，将产业技术创新战略联盟划分为政府主导型、高校院所主导型、企业主导型和中介机构主导型，对各类联盟的概念、运行模式、特征与代表性案例等进行深入分析；其次，运用 QCA 法、DEA 法、结构方程模型分析和构建产业技术创新战略联盟动态稳定性模型及运行效率评价模型，以及运用 AMOS、DEAP、SPSS 等软件工具，采取数值计算和计算机建模的方法对联盟动态稳定性模型及其影响因素进行实证分析；再次，基于管理协同，从资源协同、目标协同、知识协同、关系协同、创新协同的角度，深入分析联盟稳定性与管理协同机制之间的作用机理，分析成员信任度的调节作用；最后，基于实证分析结果，从知识协同、创新协同、关系协同、资源协同、目标协同五个方面构建联盟协同机制，从而实现提升产业技术创新战略联盟动态稳定性水平及运行效率的目的。

综上而言，本书的研究对于进一步深化与完善创新管理、战略管理、协同管理理论具有一定的理论意义。此外，本书的成果为我国培育和发展产业技术创新战略联盟提供理论依据，为各地科技部门支持产业技术创新战略联盟建设提供理论指导和实践范例，为深入推进创新驱动发展战略、构建面向南亚及东南亚科技创新中心、推进经济社会高质量发展提供智力支撑。

目　录

第一章　绪论

一、研究意义

创新是一个民族进步的灵魂，是一个国家兴旺发达的不竭动力。2013 年 9 月，中共中央政治局以实施创新驱动发展战略为题举行了第九次集体学习，习近平总书记在主持学习时强调，实施创新驱动发展战略决定着中华民族前途命运，要求全党全社会都要充分认识科技创新的巨大作用，敏锐把握世界科技创新发展趋势，紧紧抓住和用好新一轮科技革命和产业变革的机遇，把创新驱动发展作为面向未来的一项重大战略实施好。2022 年全国两会政府工作报告进一步提出，深入实施创新驱动发展战略，依靠创新提高发展质量。深入实施创新驱动发展战略的关键在于培育创新主体，提升自主创新能力。而产业技术创新战略联盟（以下简称联盟）是推动实施创新驱动发展战略的重要载体，是创新型国家建设的重要支撑和保障。2006 年以来，我国开始实施技术创新引导工程，陆续制定《国家技术创新工程总体实施方案》、《关于推动产业技术创新战略联盟构建的指导意见》等一系列政策文件，进一步推动产业技术创新战略联盟建设的步伐。

云南省积极响应国家的政策号召，2011 年，云南省试点联盟数量实现零的突破，食用菌、贵金属材料联盟被科技部列为国家级联盟试点，三七、钛联盟被列为科技部的重点培育对象。截至 2015 年底，云南省培育了 5 批共 65 个产业技术创新战略联盟的省级试点工作，涵盖了高原特色现代农业、高端装备制造产业、现代生物产业、节能环保产业及现代服务产业等。产业技术创新战略联盟改变了企业单打独斗、恶性竞争的局面，有效整合了创新资源，实现产业链与创新链的有机结合。这种有机结合对增强企业技术创新主体地位，突破产业共性关键技术，实现科技资源有效分工与协作具有重要促进作用。尤为重要的是，产业技术创新战略联盟可以聚集企业、高校及科研院所的技术、人才、平台优势，实现优化配置和共建共享，产业技术创新战略联盟已逐渐成为一种新型产业组织形态。

然而，我国产业技术创新战略联盟正处于大跨越式发展阶段，前景良好但问题突出，如研发、生产、成果转化、产业化等问题尚未有效解决。目前，联盟建设过程中创新主体错位、利益冲突、消极怠工、协作精神不强等问题突出存在，导致联盟创新绩效低下。此外，联盟稳定性较差、成员之间没有发挥协同效应，这也是联盟运行效率低下的重要原因。由于联盟存在多个决策主体和利益群体，因而经常出现相互妥协、经常性谈判、利益冲突、缺乏控制等问题，导致联盟管理成本上升、学习效率下降，从而造成联盟不稳定，导致盟员难以达到预期的合作效果，难以充分调动和发挥盟员的互补性优势，将挫伤企业、高校及科研院所组建联盟的积极性和主动性。同时，不稳定性在很大程度上影响联盟运行效率和协同效应。

基于联盟运行效率低下、稳定性不强的问题，有必要对联盟稳定性及协同机制进行研究，这对于推动联盟发展，提升创新型企业核心竞争力具有重要意义。因而，本书从协同论及系统工程的角度出发，基于我国及云南省联盟现状，分析联盟稳定性影响因子及作用机理，构建联盟协同机制，以推动联盟各成员协同创新，提升联盟运行效率。综上而言，本书的研究具有如下三方面的理论价值和学术意义：①研究成果对于丰富创新管理、战略管理理论，进一步深化产业技术创新战略联盟理论具有一定的学术价值；②构建联盟稳定性模型，分析影响联盟稳定性的因素，为进一步丰富联盟稳定性理论提供借鉴与参考；③基于共生理论，分析并构建联盟协同机制，对于进一步深化和完善协同论、共生理论具有重要的理论价值。

此外，本书的研究还具有如下实践意义：①对于提升产业技术创新战略联盟创新能力，增强核心竞争能力，促进经济高质量发展具有重要的实践意义；②分析联盟稳定性影响因素并构建联盟协同机制，为政府主管部门出台支持联盟发展政策提供理论依据和实践参考；③加强我国产业技术创新战略联盟建设，深入推动创新驱动发展战略，建设面向南亚及东南亚科技创新中心，从而为实现创新型国家提供理论依据和政策参考。

二、研究内容

本书主要分析技术创新战略联盟稳定性及协同机制机理，并对联盟的发展现状、存在的问题及困难进行分析，基于共生理论对联盟的稳定性及运行效率进行评价，探讨联盟稳定性的影响因素并进行检验，以云南省联盟为例进行理论与实证分析，构建产业技术创新战略联盟协同机制，实现提高联盟稳定性和运行效率的目的。具体来看，本书的研究内容分为如下五大板块：

（一）产业技术创新战略联盟理论基础、概念与研究思路

首先，分析产业技术创新战略联盟的趋势、现状及理论基础。通过分析近年联盟的发展趋势、研究现状以及发展现状，指出联盟未来的研究方向。基于创新驱动发展战略，分析云南省培育和发展联盟的必要性，提出联盟的发展对于提升产业技术创新能力、增强企业核心竞争力的重要意义。基于创新管理、战略管理、协同理论等，将系统工程理念贯穿整体研究中。其次，概念与类型分析。关于联盟的概念，本书将借鉴科技部对产业技术创新战略

联盟的概念界定：基于企业的发展需求和各方的共同利益，以提升产业技术创新能力为目标，以具有法律约束力的契约为保障，创新主体（企业、大学、科研机构或其他组织机构）形成的联合开发、优势互补、利益共享、风险共担的技术创新合作组织。关于联盟的类型划分，本书从主导者的角度对联盟进行分类，并对联盟的运行模式分析总结。最后，产业技术创新战略联盟的运行模式分析。联盟运行模式可分为高校院所主导型联盟、企业主导型联盟与政府主导型联盟三类。对每种模式按照联盟的概念、运行模式特征、代表性案例进行深入分析（见图1-1）。

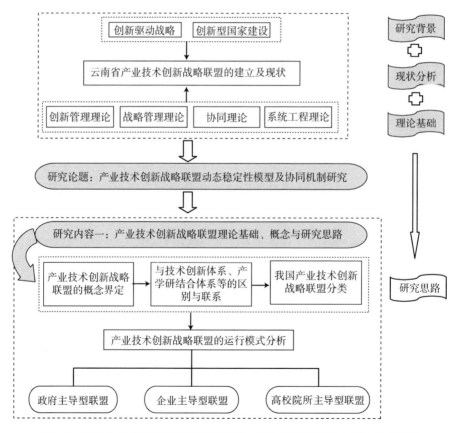

图1-1 产业技术创新战略联盟理论基础、概念与研究思路内容的技术路线

（二）基于共生理论的产业技术创新战略联盟的稳定性分析

首先，分析产业技术创新战略联盟稳定性的内涵及影响因素。从社会网络理论、共生理论、资源基础理论与知识管理理论的角度出发，构架联盟的理论基础。其次，分析产业技术创新战略联盟共生系统的基本要素。从共生理论的角度对联盟的组织模式、行为模式以及共生环境进行分析，重点分析联盟共生组织模式、联盟共生行为模式、联盟共生环境。再次，基于共生理论分析产业技术创新战略联盟稳定性。通过构建联盟的偏利共生模式、寄生共生模式、非对称性互惠共生模式与对称性互惠共生模式，分析联盟的稳定性。最后，产业技术创新战略联盟共生稳定性机制设计。拟把联盟共生稳定性机制设计为资源协同、关系协同、知识协同、目标协同与创新协同机制五类（见图1-2）。

（三）产业技术创新战略联盟的稳定性及运行效率分析

首先，构建产业技术创新战略联盟稳定性评价模型。构建联盟稳定性评价指标体系，对可获得数据的联盟进行测度，并以此作为自变量。其次，产业技术创新战略联盟运行效率分析。选择数据包络分析法（DEA）构建产业技术创新战略联盟运行效率评价模型，以云南省联盟为例，结合云南省产业技术实践，对联盟运行绩效进行评价。最后，探究高效率联盟稳定性的路径。使用定性比较分析法（QCA），分析不同共生模式下联盟的稳定性与运行效率间的作用机理，探究影响联盟运行效率稳定性的前因组态，构建联盟运行效率与稳定性关系模型，以实现提升联盟运营能力和水平的目的（见图1-3）。

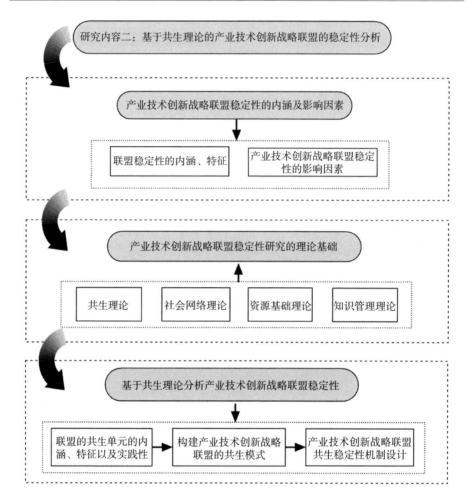

图1-2 基于共生理论的产业技术创新战略联盟的稳定性分析内容的技术路线

（四）基于管理协同的产业技术创新战略联盟稳定性分析

首先，管理协同与共生分析。基于共生理论，在前述研究的基础上对共生与管理协同的关系、两者的概念及分类进行分析。其次，管理协同对联盟稳定性的影响分析。从资源协同、目标协同、知识协同、关系协同、创新协同的视角，深入分析联盟稳定性与管理协同机制之间的作用机理，分析成员

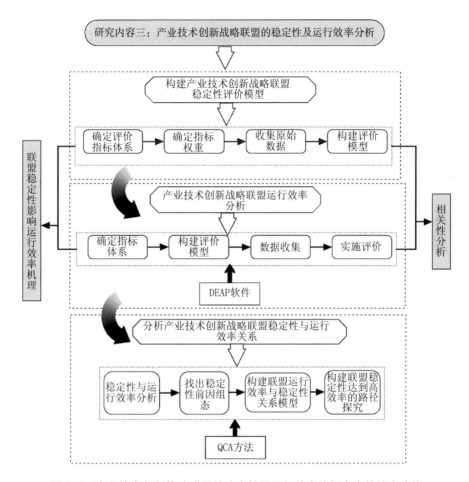

图1-3 产业技术创新战略联盟的稳定性及运行效率分析内容的技术路线

信任度的调节作用。再次，研究设计。通过发放调研问卷的方式，收集数据、变量测度并进行信度与效度检验。最后，实证分析。通过实证分析，得出研究结论，提出提升产业技术创新战略联盟稳定性的对策建议，构建互惠共生的管理协同机制（见图1-4）。

（五）产业技术创新战略联盟协同机制构建

立足于资源协同、目标协同、知识协同、关系协同与创新协同五个方面，

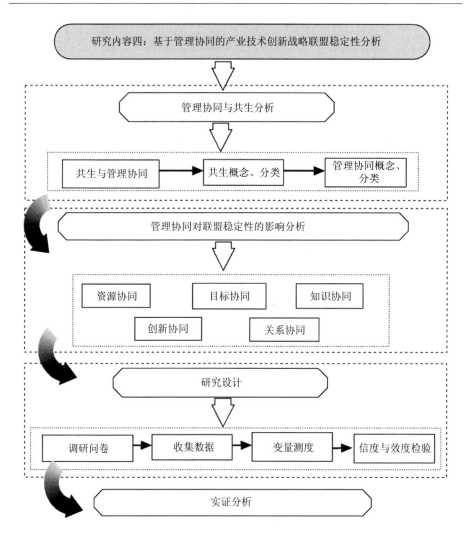

图1-4 基于管理协同的产业技术创新战略联盟稳定性分析内容的技术路线

引入共生理念，构建科学完备的产业技术创新战略联盟协同机制。一是引入共生理念。构建联盟协同机制。二是构建资源协同机制。共生单位间存在高度的资源协同，通过促进文化互信与交流合作，进而构建资源协同机制。三是构建知识协同机制。从知识、联盟主体和联盟情景三个方面，对知识转移效果的影响因素进行研究，进而构建知识转移与创新成果转化机制。四是构建目标协同机制。从信息共享型激励、监督激励型激励和利益分配型激励三方面构建目标协同机制。五是构建关系协同机制。厘清联盟利益分配关系及作用机理，构建关系协同机制。六是构建创新协同机制。优化联盟绩效评估，通过绩效评价结果，制定更为合理、有效的政策和方法，构建创新协同机制。七是构建联盟风险预警机制。通过设立联盟风险预警机制，确保联盟有效规避运行风险，提升运行效率（见图1-5）。

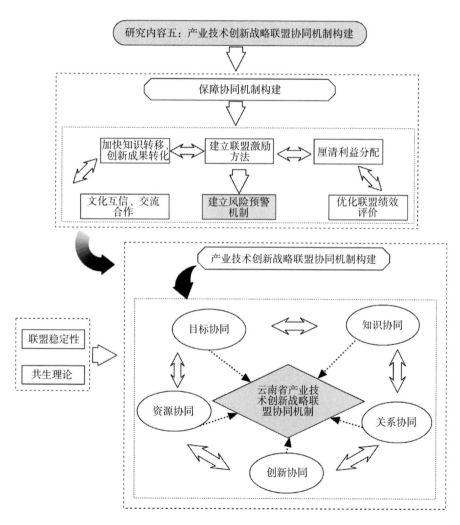

图1-5 产业技术创新战略联盟协同机制构建内容的技术路线

三、研究方法

（一）利用共生理论构建产业技术创新战略联盟协同机制

共生理论是关于不同物种的有机体之间的自然联系的理论。现今，通过生物的共生现象，人们意识到共生是人类间、自然间以及人与自然间形成的一种相互依赖、和谐的命运关系。基于此，本书借鉴共生理论，分析和构建产业技术创新战略联盟的四种共生模式，得出对称性互惠共生是联盟共生系统最有效的运行模式，具有一定的理念创新性。

（二）运用定性比较分析法（QCA）对不同共生模式各联盟稳定性与运行效率之间的关系进行分析

QCA 是一种定性比较分析方法，主要用于社会科学的因果关系评估，适合小样本或群体（10～100 例）。本书借鉴 QCA 的研究方法，对不同共生模式各联盟稳定性与运行效率之间的关系进行分析。

（三）运用 DEA 方法构建产业技术创新战略联盟运行效率评价模型

DEA 方法是一种利用线性规划数量分析方法，根据多项投入指标和多项产出指标，借助数学规划和统计数据，通过比较具有可比性的同类型单位，评价它们的相对有效性。针对云南省联盟数量较多的现状，本书采用 DEA 方法，收集数据对其运行效率进行评价，并对评价结果进行分析比较。

（四）运用结构方程构建产业技术创新战略联盟动态稳定性模型

社会科学领域的很多潜变量是抽象的、难以直接观测的。结构方程模型中不仅包含可观察到的显变量，也包含无法直接观察的潜在变量。模型基于变量的协方差矩阵，分析包括难以直接观测的潜变量在内的变量之间的关系。针对联盟动态稳定性影响因素难以观测和处理的特性，本书运用结构方程模型，构建联盟动态稳定性影响因素模型，以云南省联盟为例进行实证分析。结构方程模型包含测量模型与结构模型，测量模型证明的是潜变量与可测变量间的关系，结构模型说明的是潜变量间的结构关系。

（五）应用多种数据计量软件

本书采用 AMOS 软件、DEAP 软件、SPSS 软件等通过运用数值计算、计算机建模对模型求解。

以上研究方法与建模技术的逻辑关系如图 1-6 所示。

四、特色与创新

本书基于创新驱动发展战略研究联盟稳定性及协同机制，在创新管理与战略管理领域具有引领性和创新性。研究成果为培育和发展我国产业技术创新战略联盟提供了较强的借鉴和参考，并为政府管理部门支持联盟建设、推动创新驱动发展战略提供了理论依据和范例，具有一定的现实意义。具体来看，本书的特色与创新如下。

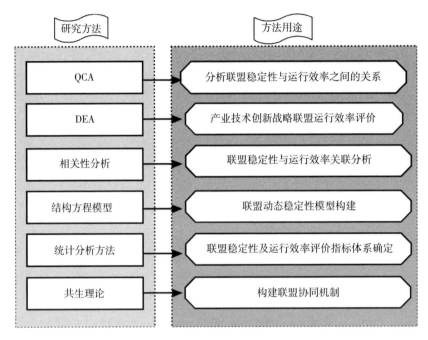

图1-6　研究方法与建模技术的逻辑关系

（一）分析产业技术创新战略联盟动态稳定性及协同机制，研究内容具有一定的理论创新性

当前对于联盟稳定性及协同机制的研究仍处于初步探索阶段，本书对联盟稳定性及协同机制进行分析，初步建立联盟的理论框架，全面反映联盟稳定性的影响因素，运用DEA法、QCA法、结构方程模型、统计分析方法等构建联盟稳定性评价模型、运行效率评价模型、稳定性影响因素模型，从而构建联盟理念框架，丰富联盟的相关研究，因而本书的研究具有一定的理论创新性。

（二）运用共生理论构建产业创新战略联盟协同机制，研究视角具有一定的独特性

共生理论主要应用于生物学领域，对称性的互惠共生是自然界中重要的组织规则，而将共生理论应用于社会科学领域的较少。基于对现有文献的借鉴和总结，本书探索性地把共生理论应用于战略联盟伙伴选择，从互惠共生的视角构建联盟协同机制，对不同模式的联盟共生模型及稳定性进行分析，因而研究视角具有一定的独特性。

（三）以协同论为基础，将管理协同与共生的复合关系嵌入研究，对政府部门出台相关政策具有一定的意义

区别于以往研究多集中于理论推演，本书将实证研究与协同理论相结合，系统研究管理协同与联盟稳定性的作用机理，分析成员信任度对以上关系的调节作用。本书为政府部门出台相关政策提供理论借鉴和实践参考，从而推动联盟对称性互惠共生模式的实现，构建了互惠共生的联盟管理协同机制。

（四）应用 QCA、DEA、结构方程模型及计算机建模，分析产业技术创新战略联盟动态稳定性，研究方法具有一定的新颖性

当前对联盟的研究方法主要选择定性或定性与定量相结合，利用计算机建模和数量分析的研究较少，而本书运用 QCA、DEA、结构方程模型等方法对联盟进行研究，运用 AMOS、SPSS、DEAP 等软件和工具进行求解，因而研究方法具有一定的新颖性。

五、技术路线

本书的研究思路和技术路线有以下五个：一是明确问题，建立理论研究基础。二是系统分析，对产业技术创新战略联盟的相关概念、特征及分类进行归纳分析。三是模型构建，利用属性测度法和 DEA 方法，构建产业技术创新战略联盟稳定性及运行效率评价模型，利用结构方程构建联盟稳定性影响因素模型。四是模型分析与求解，采取问卷调研、专家打分等方式收集数据，运用 AMOS、DEAP、SPSS 等技术求解模型。五是综合分析，构建联盟的协同机制，提出相应的政策建议，初步建立联盟理论框架。具体的研究思路与技术路线如图 1-7 所示。

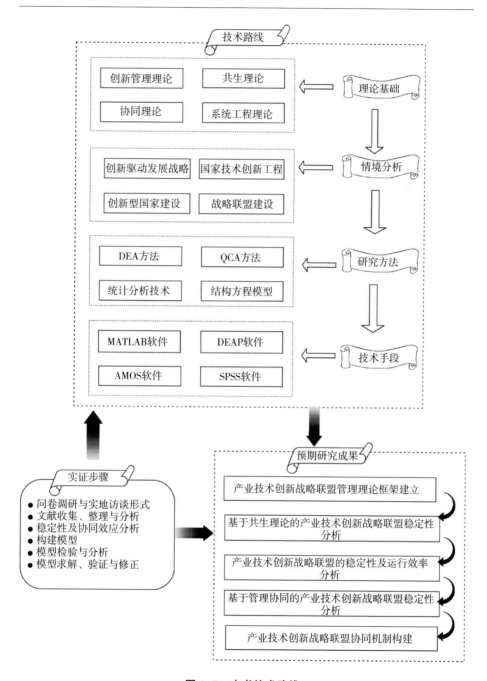

图 1-7 本书技术路线

第二章 文献综述

　　产业技术创新战略联盟作为提升技术创新能力的合作组织，有利于强化产学研的结合，推进技术创新体系建设，对于进一步实施国家创新驱动发展战略，建设技术创新体系起到至关重要的作用。当前关于产业技术创新战略联盟的研究较多，但对其进行文献总结与评述较少，因而有必要对产业技术创新战略联盟的研究现状进行分析，总结其研究取得的成果并分析未来的展望，从而为联盟的培育及发展提供一定的理论支撑及政策支持。

一、产业技术创新战略联盟的研究趋势分析

　　通过对现有的联盟文献分析发现：一是关于联盟稳定性和协同机制的相关研究呈现上下波动的趋势（见图2-1）。从国家来看，中国与美国是联盟研究的主要来源国（见图2-2）。二是关于联盟综述大多采用定性分析方法，关于定量分析的综述主要对样本进行描述性统计分析，没有对发展脉络和研究主题进行梳理。三是关于联盟综述不系统，有些仅对国内文献进行总结，有些仅对联盟的某一主题进行总结。四是通过对联盟文献的可视化分析（见图2-3）发现国内外关于联盟的研究主要集中在联盟概念界定、稳定性、运行效率及协同机制等方面。五是关于联盟稳定性的研究主要集中于联盟成员选择和资源投入与稳定性的关联、稳定性的影响因素、系统结构与稳定性的关

联、稳定性的定量分析评价等方面。六是关于联盟运行效率的研究大多集中在绩效评价方法、绩效影响因素、绩效评价指标体系等方面，没有形成统一的联盟运行效率评价指标体系及评价方法，因而需要进一步深化联盟运行效率相关的研究。七是研究关于联盟协同机制的文献主要集中在协同机制的分类、协同创新的概念、协同机制的动力等，主要从宏观角度进行分析，缺乏微观层面的研究。本书采用定量与定性相结合的方法，对国内外权威期刊文献进行综述，指出联盟未来研究方向。

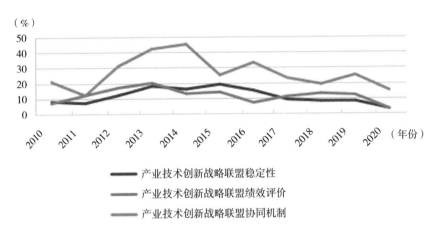

图 2-1　联盟稳定性、绩效评价及协同机制的研究趋势

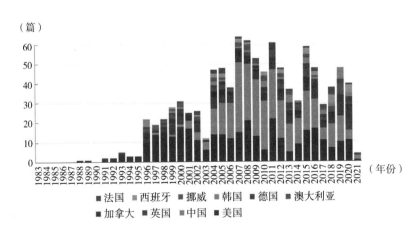

图 2-2　产业技术创新战略的历年联盟各国的研究数量

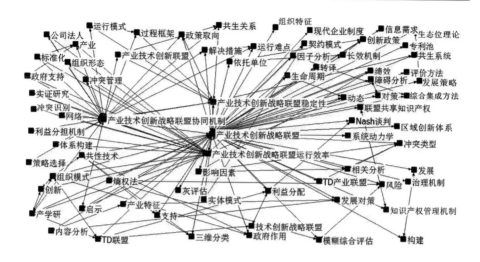

图 2-3　产业技术创新战略联盟的聚类分析

二、产业技术创新战略联盟概念的研究评述

（一）战略联盟定义和内涵的研究

国内外学者将战略联盟的演变总结为三个趋势：一是企业经营能力、资源的不均衡转变为对等关系；二是战略联盟的目的由降低成本转变为组织学习；三是战略联盟内的竞争与合作从以企业个体为单位转变为以企业职能部门为单位（Porter，1988；秦斌，1998）。国内外从交易成本理论、资源理论、社会网络理论等多角度对战略联盟进行了分析，从而为后续战略联盟的研究奠定理论基础。

1. 交易成本理论

在交易成本理论（Transaction Cost Theory）中，战略联盟是在市场与企业之间的中介组织，在给定生产要素的情况下，联盟内企业可以选择自己生产、从市场内购买或是与联盟内伙伴合作生产（徐飞和徐立敏，2003）。通过形成战略联盟，可以通过企业边界活动（Boundary-spanning Activities）降低费用与成本，这是该理论中战略联盟的优越性体现（Das 和 Teng，1996；Jarillo，1988）。企业边界活动特征往往由联盟所处行业来决定，因此，行业是战略联盟的重要影响因素之一（Glaister 和 Buckley，1996）。

2. 资源理论

在资源理论（Resource-Based Theory）中，企业是差异化资源的集合体，其资产、能力、信息、技术都是资源的一种。企业利用战略联盟优化资源配置，使资源价值实现最大化及资源互补（Teng，2000）。因此，互补能力是企业选择战略联盟伙伴的重要指标之一（Hitt 等，2000）。Teece（1992）认为，战略联盟是为实现一系列的战略目标，如资源共享、优势互补等，两个或两个以上的合作企业建立在以承诺和信任为基础的合作组织，其中有共同营销、技术成果的互换、排他性购买协议、R&D 合作协议以及排他性的合作生产。Bamford（2003）从资源整合视角指出，战略联盟是参与企业为实现共同利益，本着互惠互利的原则，依据各自资源稀缺性，结合每个企业的资源互补性组成的合作组织。

3. 社会网络理论

在社会网络理论（Social Network Theory）中，企业所处的社会环境是一个关系网，而战略联盟就是一种较为稳固的社会关系网，通过建立网络，与实际或潜在的竞争对手进行合作，可以提升企业创新能力（Ahuja，1998；Baum 等，2015）。Porter（1988）提出战略联盟是"企业之间达成的达不到合并程度但是又超出正常市场交易的长期协议"，包括供应协定、合资企业、营销协定和技术许可生产。Caldeira 等（2003）、Birnbirg（2006）将战略联盟定义为跨国公司间签订多种合作安排协议以实现共同的战略目标，既包括合作营销、许可证、双方贸易协议、R&D 联盟、合资等，也包括股权和非股权式运营。

4. 其他理论

国内外学者分别从博弈论（Game Theory）、组织学习理论（Organizational Learning Theory）等角度阐述战略联盟的定义与内涵。例如，在博弈论中，非零和博弈、合作博弈理论为战略联盟奠定了理论基础，被广泛用于分析联盟伙伴之间的合作效果（简兆权和李垣，1998；徐飞和徐立敏，2003）；组织学习理论认为，通过建立战略联盟可以创造知识共享、人员技术交流的目的，进而提升企业的核心能力、促进业绩提升，达成企业间的有效合作（Hitt 等，2001）。

（二）产业技术创新战略联盟定义和内涵的研究

关于产业技术创新战略联盟定义的研究，国家住房城乡建设部及科技部等 6 部门将联盟定义为企业、大学和科研机构或者其他的组织机构，以企业自身的发展需求及各方之间的共同利益为基础，目标是企业技术创新的能力得以提升，用具有法律约束力的契约作保障，形成的风险共担、优势互补、利益共享、联合开发的技术创新合作组织。

1. 产学研构成共生系统

为积极响应国家重点产业技术创新产学研模式，要构建新型的产业技术创新战略联盟（李新男，2007）。从产学研的角度来看，产业技术创新联盟指在政府的组织下，由相关的企业、高校以及科研院所形成的创新组织，依赖于法律或具有法律意义的契约来维持组织间合作的稳定性，进而提升相关企业的创新能力，联盟建立的主要目的是为了满足企业与高校内在的发展需求（李国武和李玲玲，2012）。产业技术创新战略联盟是技术联盟的一种新形式，是一种产学研利益共同体，具有长期性、稳定性、制度化优势，与一般技术联盟相比，产业技术创新战略联盟的主题更为明确，即有效整合各种技术创新要素（李菁华和李雪，2008）。解学梅和王宏伟（2020）提出，产业技术创新战略联盟存在主导组织机构，其通过适当的组织形式和运作模式结合形成。Gica（2004）认为，联盟的主体是高校、科研院所及企业包括外部环境所共同构成的一个系统，其内在动力是联盟伙伴的内在需求和战略目标，但是产业技术创新战略联盟也面临着外部环境带来的压力，如社会、法律、政策环境。

2. 跨组织间企业的合作竞争

战略联盟是跨组织间的一种合作现象，知识共享和知识转移是组建联盟的主要动机（Ioannidis，1999）。与产学研模式不同，联盟内的企业通过技术合作，共同发展核心技术，提升技术创新资源的利用效率（李新男，2007）。战略联盟具有主体目标明确化、合作范围约束性、契约法律化等特征，联盟中的企业是创新研发、成果应用的主体，在整个过程中起着主要作用（胡争光和南剑飞，2011）。从内部技术实力与外部竞争对手参与联盟的关系来看，竞争联盟的参与增强了企业内部技术创新的效果，增强了产品创新的增量效应，削弱了产品创新的激进效应（Xu 等，2013）。朱永明和郭家欣（2020）认为，产业技术创新战略联盟的运行过程既包含合作又包含竞争，其本质是为了共同开发、制造及分销技术和产品而形成的企业间合作伙伴关系，并将产业技术创新战略联盟企业间的合作分为交易性合作（Transactional Collaboration）和探索性合作（Exploratory Collaboration）。

三、产业技术创新战略联盟稳定性的研究综述

近年来，关于战略联盟的稳定性研究在不断增多，国外的研究主要分为统计与多视角两个阶段。国内有关战略联盟的研究源自 20 世纪 90 年代，受西方先进管理思想的影响，战略联盟得到迅速发展。在 2000 年前，我国学者

主要关注联盟的竞争力、运行机制等，21 世纪后，国内学者开始普遍关注联盟稳定性问题（李瑞光，2015）。联盟稳定性指联盟系统内部，在遭受外界扰动而偏离原来的平衡状态，同时在扰动消失后联盟系统自身能否恢复到原来平衡状态的一种性能。通过对联盟稳定性的文献进行聚类分析（见图2-4），总结出当前联盟稳定性研究主要集中于联盟成员的选择、资源投入和稳定性的关联、稳定性的影响因素、系统结构与稳定性的关联，稳定性的定量分析评价等方面。

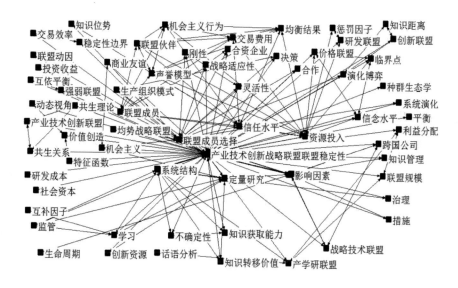

图 2-4　产业技术创新战略联盟的稳定性聚类分析

（一）产业技术创新战略联盟稳定性的定义及内涵的研究

联盟能实现稳定的前提条件是成员获益，具体体现在以下两个方面：一是联盟内所有成员均可在合作中收益；二是联盟成员可以从联盟合作中获取比独立经营更多的收益（Jackson 和 Watts，2012；段云龙等，2019）。当联盟成员可以保证独立性的前提下，通过共担风险、共享资源、合理分配资源，从而保证联盟的技术创新持续进行（Freitas 等，2013）。解学梅和王宏伟（2020）将联盟稳定性界定为：成员间目标一致，相互之间利益共存、风险共担，通过合作以获得超出个体独立经营所获得的收益，当遭遇风险，联盟协调管理的机制能够维持其稳定性。但就我国联盟的现状来说，仍普遍缺乏稳定性，存在短期、合作关系不稳定、不合理利益分配制度的缺陷。

（二）联盟成员选择、资源投入与稳定性的研究

1. 联盟成员选择对稳定性影响的研究

Ybarra 和 Turk（2009）通过对 1996~1999 年参与技术联盟的企业实证研究，发现选择直接竞争会比选择联盟的机会主义存在更高的风险，越来越多的企业会选择技术结盟。Das 等（2003）对联盟有关风险问题进行了研究，发现利益分配问题、各自利益最大化是联盟企业追求的首要目标，同时要防止联盟中的其他企业过度追求利益，从而给联盟造成巨大的风险。

2. 联盟资源投入方面的研究

Krippendorff（2004）分析资源投入对于技术创新战略联盟稳定性的影响，构建联盟成员的创新资源总量增长模型，提出技术创新战略得以维持其稳定性的条件和路径，指出联盟的稳定性取决于联盟的任何成员由于对联盟资源投入而对自身带来负向作用及资源吸收的相对大小。Koka（2008）采用社会资本投入理论，对联盟稳定性的影响进行了深入的研究，指出联盟成员间高层领导的一些商业友谊对其联盟成员机会主义的行为会起反作用，并对成员间信任产生间接影响，从而影响联盟稳定性。

（三）系统结构、信任关系与联盟稳定性的研究

1. 系统结构与联盟稳定性的研究

Bruhn（1995）提出，联盟内部的配合不默契和矛盾是构成联盟不稳定

的重要原因，通常联盟合作项目的成员由不同领域的专业人员组成，这些专家和企业代表之间的默契程度一般不高且缺乏充分的沟通，权利和责任不明晰，预期也不明确，从而给联盟带来了严重的冲突与不协调，造成联盟不稳定。Nader（2005）认为，在新兴的联盟组织下，企业可以从直接联盟和间接联盟中获得利益，而从直接联盟中获取的利益比间接联盟中获取的利益多。Smith（2008）研究了联盟成立初期的成员之间相互信任和联盟存在的风险问题，发现增进联盟间相互信任、降低风险的关键因素是联盟的治理结构、产出控制、行为控制和社会控制等。

2. 信任关系对联盟稳定性的研究

Delerue（2005）研究了法国生物制药业中小型联盟企业，指出影响联盟关系风险的因素很多，并对这些影响因素进行了分析，提出控制联盟风险的途径主要有正式管理和非正式管理方法。Ybarra和Turk（2009）提出，影响联盟合作成功的重要因素主要有较高的稳定性与较低的依赖性，它们会提高联盟企业的相互信任程度，既可以提高联盟企业的绩效，又能增强联盟企业间相互模仿学习的能力。Culpan（2009）对联盟稳定性的定义进行了完善，指出稳定性具有多维结构、动态、以过程为基础等特性，伙伴关系的稳定程度会直接决定联盟的整体稳定性，并指出联盟稳定性可以二阶因子分析结构来度量。

（四）联盟稳定性影响因素的研究

1. 联盟绩效的角度

Yan和Zeng（1999）从绩效视角研究了影响联盟稳定性的因素，发现联盟不稳定性影响因素主要存在联盟协议变化、母子关系发生变化、战略方向变化、联盟结构变化等。Aharoni和Brock（2010）等分析了文化差异在联盟运行过程中的作用，指出管理者在联盟经济绩效低、伙伴关系不佳时应该正视文化对联盟伙伴态度的作用，这样可以有效降低联盟的不稳定性。

2. 联盟成员间的合作与冲突

David 等（2003）指出，缓和联盟冲突和消除联盟不稳定因素的有效方法是提高联盟成员的沟通能力和行为一致能力等。Gill 和 Butler（2003）认为联盟稳定性的关键影响因素是联盟企业间的信任、相互之间的冲突以及资源的相互依赖程度，指出资源的优化配置是度量联盟稳定性的关键指标。刘林舟等（2012）引入相关数学模型分析联盟稳定性，认为系统与外界关系的密切度和各成员之间资源的优化度是联盟稳定性的影响因素。

（五）联盟稳定性定量分析的研究

联盟稳定性的定量研究大多集中在博弈分析法和共生模式应用方面。

1. 博弈分析方法在联盟稳定性中的应用

关于博弈论在联盟稳定性的应用，Parkhe（1993）将联盟成员之间的合作行为看成一种与囚徒困境相类似的支付函数博弈过程。Morasch（2000）通过研究联盟的形成过程的三阶段博弈，分析了寡头垄断企业形成战略联盟的动因以及内生联盟结构对产品市场竞争的影响。Kale 和 Singh（2008）认为联盟合作伙伴之间存在推卸责任、欺骗、扭曲等风险，并从博弈分析角度提出了相应的措施。Zhao（2010）运用博弈论研究了联盟稳定性并进行了分析。Jiang 和 Hao（2013）运用博弈论分析了联盟之间的合作关系和稳定性问题。张业圳和林翊（2015）通过构建演化博弈模型，研究创新型企业选择独立创新和联盟协同创新的策略选择。

2. 共生理论在联盟稳定性中的应用

陈菲琼和范良聪（2007）依据 Das、Teng 的联盟内在张力框架，使用共生理论分析了联盟不稳定性会随着联盟内部合作与竞争力量之间差异程度的扩大而上升。谭建伟和梁淑静（2014）构建联盟共生系统，提出企业、高校和科研机构三个主体存在稳定的互利共生关系，可以实现互利共生平衡：当高校与科研机构倾向于"类似竞争"关系时，两个主体之间可以达到共生平衡；当高校与科研机构倾向于合作关系时，两个主体之间可以达到共生平衡，但这种平衡和增长并不会一直保持。

四、产业技术创新战略联盟运行效率的研究综述

通过对联盟运行效率进行聚类分析（见图2-5），发现目前关于联盟运行效率的研究主要集中于绩效影响因素、绩效评价指标体系构建以及绩效评价方法等方面。

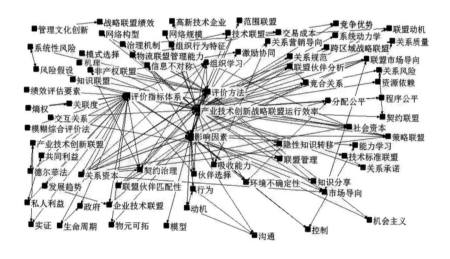

图2-5　产业技术创新战略联盟运行效率聚类分析

（一）联盟运行效率的影响因素研究

关于联盟运行绩效评价的研究主要集中在绩效影响因素以及评价方法上。在联盟绩效的影响因素方面，国内外学者主要从联盟成员、资源互补性、沟

通、利益分配等方面进行探讨。

1. 盟员对联盟运行效率影响的研究

Yang 等（2008）基于目标依赖理论、社会交换理论对供应链战略联盟的稳定性进行了研究，得出联盟成员承诺、供应方信任以及联盟的稳定性呈现正向影响关系，进而有效提升联盟绩效水平。Mccutchen 等（2008）研究了联盟经历、成员任务复杂程度、成员国籍、初始联盟经验、不一致性等因素与联盟绩效水平的关系。Lunnan 和 Haugland（2008）认为，合作企业对联盟所做出的特殊资源投入程度决定了联盟的长期运行绩效。Luo 和 Deng（2009）指出，联盟组建以及绩效提高需要去权衡联盟的企业相似程度所带来的利益及需要的成本。Qing 等（2012）研究了联盟伙伴选择与绩效之间的关系。

2. 管理机制对联盟运行效率影响的研究

Faems 和 Janssens（2012）认为，影响联盟绩效的因素主要有规模化、集中化和组合的定制化管理。刘学（2008）通过对我国制药产业技术创新战略联盟研究发现，信息共享、持续性预期有助于增进联盟成员之间信任程度，同时提升联盟绩效。张晓梅和张佳馨（2018）通过因子分析法找到了能力因子、环境因子、管理因子以及合作因子对联盟运行绩效的影响，并分析了有显著影响的主要因子。解学梅和孙科杰（2018）认为，完善的运行机制、激励机制、控制机制和整合机制等均对联盟绩效产生显著的促进作用。

3. 其他因素对联盟运行效率影响的研究

周青等（2011）深入探讨了不同类型的冲突对联盟创新绩效的影响。Kim 和 Choi（2014）考察了技术联盟的投资组合结构和企业绩效的关系，发现联盟投资组合配置可能会影响焦点公司的绩效。张学文和赵惠芳（2014）认为，影响联盟绩效的关键因素，按重要程度划分为联盟关系、联盟能力、联盟机制与联盟平台。谭建伟等（2018）认为，影响联盟绩效的因素主要是运行投入、运行过程和运行产出。

（二）联盟运行效率评价指标体系的研究

当前许多学者从不同角度对联盟绩效评价指标体系进行研究。Geringer 和 Hebert（1991）认为，财务指标、联盟合作持续时间等因素影响联盟的运行绩效。Parkhe（1993）、Zaheer 和 Perrone（1998）通过联盟成员对于其战略目标实现程度的感知来评价联盟绩效。Yan 和 Barbarna（2001）提出以联盟目标的实现程度衡量联盟的运行效率。Dai 和 Shu（2014）从政府评价的角度研究联盟绩效问题，通过绩效评价指标体系的建立来对联盟实际运行效率进行评价。Lee 等（2013）从科技水平提升、联盟建设和产业竞争力提升三个层面构建了联盟评价指标体系。熊莉和沈文星（2017）通过分析木竹联盟企业创新投入的产出数据，评价该联盟自成立以来的运行绩效。

（三）联盟运行效率评价方法的研究

通过分析联盟评价方法的文献发现，目前所使用的评价方法主要分为主观评价法和客观评价法两大类，包括数据包络分析法（DEA）、层次分析法（AHP）、模糊综合评价法、综合加权的评价方法等。

1. 数据包络分析法（DEA）

孙晋众和陈世权（2005）运用集值统计、DEA 方法对战略联盟绩效进行了评价。段云龙等（2017）选取改进的两阶段关联 DEA 法，将整个决策单元分为前后相连的两个子阶段，不仅对联盟整体运行效率进行评价，还对细分后的每个业务环节可能对整个运行效率的影响进行了分析，构建了基于技术研发和成果转化的两阶段效率矩阵图，并对不同运行模式下联盟的运行效率进行分析。熊莉和沈文星（2017）选用 DEA 评价方法，对木竹联盟企业投入产出的绩效进行了评价。

2. 层次分析法（AHP）

Nielsen 和 Gudergan（2012）运用改进的层次分析法对联盟创新绩效进行了评价。段云龙等（2019）基于决策试行与评价实验室（DEMATEL）和网络层次分析法（ANP），选择定性和定量相结合的综合性指标体系构建DEMATEL-ANP模型对战略性新兴产业的创新能力进行评价，结果显示管理创新能力和技术创新能力对战略性新兴产业的创新能力起到关键性作用。潘东华和孙晨（2013）考虑到实际评价目标和相关要求以及研究对象的基本特征，先选用层次分析法为各个层次的指标设定权重，再以模糊数学的原理确定评价模型，对技术创新的绩效进行了模糊综合评价。

3. 其他方法

Monteiro 等（2013）以巴西石油和天然气市场为研究对象，基于价值链分析了巴西石油和天然气联盟的绩效，提出了相关建议和保障措施。杨柏（2007）建立了基于平衡计分卡的联盟绩效评价体系。Vapola 等（2010）选取熵权物元可拓模型对联盟的绩效进行评价。谭建伟等（2018）构建了基于模糊积分的联盟绩效综合评价模型，以了解联盟整体绩效及其每个成员的绩效水平，对2014~2016年西部地区联盟整体运行绩效进行了评价。

五、产业技术创新战略联盟的协同机制研究综述

通过对现有的关于联盟协同机制的文献进行聚类分析（见图2-6），发现联盟协同机制研究主要集中在协同的概念、协同机制的分类、协同机制的动力等。

（一）关于协同及协同创新概念的研究

最早对协同进行深入研究的是美国战略管理学家 Ansoff，他指出协同建

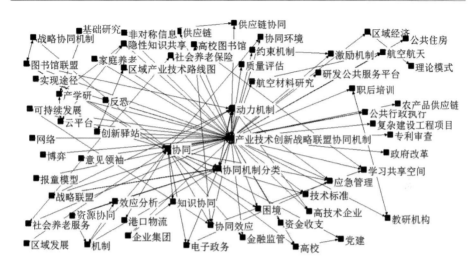

图 2-6 产业技术创新战略联盟协同机制聚类分析

立在共享资源的基础上，两个或者两个以上的企业为实现各自目标共同成长，强调价值创造是企业间协同创新的核心，因此联盟企业之间的协同必须受到高度重视。Zeng 和 Chen（2003）提出，联盟能稳定运行的必要问题是协作。Serrano（2007）指出，协同即全面整合资源、绩效、知识和行为等。关于协同创新概念的研究，Dubberly（2008）指出协同创新是整合共享不同企业资源，是一个有序的过程（沟通、协调、合作、协同）。Wang（2012）指出，政府、工业界及学术界之间的协同创新是在知识水平及组织层面对不同维度的知识进行整合。赵宇和王庆金（2017）认为，协同创新是指区域内大学、企业以及科研机构发挥各自优势，整合优势资源，协同开展技术研发的过程。彭本红和周叶（2008）认为，协同创新是在竞争基础上的联合创新。陈劲和阳银娟（2012）提出，协同创新即多个创新主体通过合作与整合知识和技术等要素，来实现系统叠加的协同效用。Costa 等（2012）研究了联盟网络协同创新，提出战略联盟网络协同创新是在各个联盟主体实现各自目标的基础上，共同实现联盟网络的目标。

（二）关于联盟协同动力机制和分类的研究

1. 协同创新机制的作用

Kahn（1996）提出，构建协同创新机制是企业提高产品的管理绩效及研发绩效的重要方法，技术联盟是企业间组建协同创新机制的重要途径。Gloor等（2008）通过研究两个大学的团队成员在共同完成任务过程中的表现，同时研究社会网络结构及组织绩效与个人的关系，证明了在合作过程中协同机制起到积极的作用。牛振喜等（2012）提出，协同创新的运行机制对联盟发展具有积极的推动作用。Chen等（2013）指出推动供应链网络结构中内部协同机制的重要因素是各个企业之间的相互依存、相互作用，并就协同机制的作用进行了详细阐述。

2. 协同创新机制的动力

Yasuda等（2005）运用交易成本理论与资源基础理论对企业战略联盟动力进行了解释，认为获取伙伴资源、缩短生产时间与降低成本是推动技术驱动型联盟进行协同创新的三个重要方面。Julia（2009）认为，影响协同机制的重要因素是不同组织网络、机构网络以及网络内部间的知识共享。Veugelers（2012）提出，产学研协同创新的动力来自学校和企业在知识和能力方面的差异。潘和平和孙道胜（2013）深入探索校企协同创新机制理论，依托联盟形成校企协同创新的机制。王玉梅等（2013）认为，联盟网络协同创新的发展要素主要包括目标、主体、资源、技术创新过程等。

3. 协同创新机制的选择与特性

张业圳和林翊（2015）以协同创新为研究对象，对创新型企业选择独立创新和联盟协同创新的策略选择进行演化博弈分析。梁帅等（2017）提出，产业技术创新战略联盟是产学研协同创新的新型组织形式，并根据协同创新理论，指出区域产学研协同创新体系具有地方性。王康和王晓慧（2018）选用协同学理论与利益相关者理论，构建联盟的技术竞争情报的协同服务模式，提出各利益相关者要基于不同的要素进行协同共享。

4. 协同创新机制分类

Davis 和 Kathleen（2011）提出，高效能协同机制既涉及多个联盟，也包含联盟内部伙伴之间的合作互补能力。Ishida 和 Brown（2011）把联盟协同机制分为技术协同机制、知识协同机制、关系协同机制和利益协同机制四类。Griffth 和 Dimitrova（2014）将技术创新战略联盟进一步分为动力协同、路径协同和知识管理协同三个层面。

六、总结与展望

（一）研究现状的总结

综上所述，当前联盟的研究主要包括以下四个方面：一是国内外学者对联盟的概念进行了广泛研究，主要从组织模式、资源优势互补及产学研协同角度对联盟概念进行界定，但没有就联盟概念达成共识，因此联盟概念的研究还需进一步深化。二是联盟稳定性的研究呈现上升趋势，当前主要研究联盟成员选择和资源投入与稳定性的关联、稳定性的影响因素、系统结构与稳定性的关联，稳定性的定量分析评价等方面。然而，随着社会、政治、经济环境的变化，将出现更多影响联盟稳定性的因素，如组织规模、组织文化、政治环境等，还需深入系统研究。三是联盟运行效率的研究呈现上升趋势，目前的研究主要集中于绩效的影响因素、绩效评价方法以及绩效评价指标体系等方面，但没有形成统一的联盟运行效率评价指标体系及评价方法，因而联盟运行效率的研究还需深化。四是联盟协同机制的研究呈现上升趋势，当前的研究主要集中于协同创新的概念、协同机制的动力、协同机制的分类等，主要从宏观角度进行分析，缺乏微观层面的研究。

（二）研究展望

1. 研究视角需进一步拓宽

一是当前关于联盟的理论研究主要集中于资源依赖理论、交易成本理论、代理理论、知识管理理论等，未来的研究可借鉴创新系统、创新网络、组织学习等理论，运用交叉学科研究联盟组织结构、联盟绩效、协同机制、稳定性等问题。二是研究对象需及时更新。当前关于联盟风险管理的研究主要集中于风险识别和风险评价，有必要进一步拓宽联盟风险管理的研究范畴，如联盟风险决策、风险预警机制等。三是提升联盟创新绩效需要加强组织之间的协同管理。过去主要关注组织内部的技术管理，未来的研究可以集中于组织间的技术协同管理，如基于互联网的虚拟组织、组织间的信息传递机制、协调机制、组织间协同网络管理平台等方面的研究。

2. 研究方法有待进一步创新

当前关于联盟的定量分析较多，但使用的方法较为单一，主要有模糊综合评价法、层次分析法、DEA 方法、博弈论等，未来的研究可以尝试使用其他定量研究方法，如灰色系统理论、BP 神经网络分析法、结构方程模型、系统动力学、遗传算法等。另外，也可以研究多种方法的组合，如 ANP 与 DEA 结合法、网络 DEA、ANP-fuzzy 等。

3. 研究深度需进一步挖掘

当前关于联盟稳定性的研究主要集中在其影响因素上，还停留在静态阶段，然而联盟创新是一个动态过程，不同阶段的稳定性情况也不同，因此可以对联盟动态稳定性进行进一步的研究。关于协同机制研究主要集中在联盟的内涵、定义、发展模式、发展历程以及绩效评价等方面，关于联盟协同机制的文献较少且比较零散。联盟协同机制是一个复杂的系统工程，当前的研究更多强调单个机制的设计，没有把其作为一个系统和整体进行研究。然而，各个协同机制之间存在紧密的关联，可从系统工程的角度研究联盟协同机制的构建。

4. 未来进行多联盟的研究

当前很多企业为了获取更多的资源，与其他企业进行联合，组建多个联盟，多联盟模式可以帮助企业获取更多的竞争优势，如研发型企业既与供应商进行结盟又与分销商进行结盟，使研发型企业可以专注于研发。但是目前对多联盟模式的研究较少，更多的研究关注单个联盟的发展。因此，未来可以从单个联盟模式研究转向多联盟模式的研究，如多联盟的稳定性研究、多联盟绩效评价研究、多联盟与单个联盟对比研究、多联盟协同机制研究、跨国联盟研究等。

第三章 产业技术创新战略
联盟发展现状分析

党的十九大以来，我国高度重视产业技术创新联盟的发展，不断加大对联盟的政策、资金扶持力度，以实现产业结构升级，推动国民经济快速发展。基于此，本章将对产业技术创新战略联盟的发展现状进行研究，以期为后续联盟稳定性及协同机制研究奠定理论基础。

一、我国产业技术创新战略联盟现状分析

2008 年，科技部等六部门共同发布《关于推动产业技术创新战略联盟构建的指导意见》，标志着我国产业技术创新战略联盟计划正式施行。2010 年，科技部批准设立了首批联盟并对符合条件的联盟给予资金补助。自此，联盟如雨后春笋般在全国不同产业和领域蓬勃发展。在全国 56 个重点扶持的联盟中，有 1100 余家企业、高等学校和科研院所参与，合计业务收入超 7 万亿元。各联盟在深化产学研合作与运行机制构建、探索行业共性关键技术开发、鼓励战略性新兴产业形成等方面均迈出了积极步伐。近年来，联盟进一步主动探索推进以产业链为基础的技术创新链重构，以逐步解决产业共性技术难题和"卡脖子"问题。截至 2020 年 10 月，由中央企业牵头相关中小企业发起的联盟共 214 个，较 2019 年底的 157 个增加 57 个。

自党的十八届五中全会明确将创新列为五大发展理念首位以来，到党的十九大要求加快建成创新型国家，再到党的十九届五中全会精神和2020年全国两会政府工作报告强调坚持以科技自立自强为国家发展的战略支撑，均表明组建产业创新平台和推动产学研联盟建设工作的必然性和必要性。产业技术创新战略联盟作为党中央实施创新驱动发展战略下的协同创新模式和部署，不仅成为引领我国创新型国家建设的第一发展动力，更是完善我国技术创新体系的重要载体。然而，联盟在适应政策环境、保持运行模式稳定、协同创新模式等方面仍存在一些问题，亟待在"十四五"期间逐一解决。

（一）我国产业技术创新战略联盟发展现状

1. 首批成立的四个产业技术创新战略联盟

自党的十七大提出加快建立建成以企业为主体、市场为导向、产学研相结合的技术创新体系的目标以来，众多创新要素开始向企业集聚，推动创新成果向实际生产力转化，体现了我国产学研合作这一战略要求的具体落实。2007年，科技部联合财政部、教育部、国资委等六部门，共同召开"产业技术创新战略联盟签约暨试点启动会议"，标志着我国首批四个联盟：钢铁可循环流程技术创新战略联盟、新一代煤（能源）化工产业技术创新战略联盟、煤炭开发利用技术创新战略联盟和农业装备产业技术创新战略联盟正式成立。表3-1是首批设立的四个联盟的发起单位、发展目标以及创新成效概况。

首批建成的四个联盟代表了我国产业技术创新战略联盟发展开端，是我国创新发展模式的里程碑。在党中央的指示下，首批四个联盟持续推进联盟内组织化、体制化、规范化运行。在我国探索企业为主体、市场为导向的产学研深度融合机制的构建，协同攻关研发平台上发挥了重要示范作用。同时，各联盟以重大技术创新为发展重点，深入推动共性关键技术的攻克和重大产品创新，并将技术成果有效辐射，带动相关行业形成发展新趋势，促进相关行业技术创新成果显著提升，为全国产业技术创新战略联盟建设与运行起到典型带头作用。

表 3-1 首批成立的四个产业技术创新战略联盟简况

名称	单位	目标	创新成效
钢铁可循环流程技术创新战略联盟	宝钢、鞍钢、武钢、首钢、唐钢、济钢及北京科技大学、东北大学、上海大学、中国钢研科技集团 10 家单位	形成协同合作机制，提升我国钢铁工业整体竞争力和自主创新水平，开发和转化应用具有自主知识产权、对行业有重大作用的共性技术，克服行业的资源、能源、环境问题	达成"十一五"重大专项"新一代可循环钢铁流程工艺技术"课题，加快创建国际一流钢铁企业曹妃甸工程，重构创新资源，形成新一代钢铁可循环流程技术步伐，提升我国钢铁行业整体市场竞争力
新一代煤（能源）化工产业技术创新战略联盟	中国化学工程集团、清华大学、天津大学、大连理工大学、华东理工大学、内蒙古博源投资集团、河南煤气（集团）公司等 10 家单位	研发并提供各类燃料油和化工产品，实现新一代煤炭洁净利用技术的转化与应用。协作形成前沿、关键、共性技术，并制定相应的产业标准	有效重构、配置产业技术创新要素、技术开发任务，有效缩减了新技术产业化周期，构建具有自主知识产权和品牌的工业化成套煤化工技术，增强产业整体技术创新实力
煤炭开发利用技术创新战略联盟	神华集团、中国航天科技集团、上海电气集团、上海交通大学、哈尔滨工业大学、煤炭科学研究总院等 18 家单位	联合攻关阻碍行业发展的难题和技术。技术开发任务包括煤炭采掘、装备本土化、燃烧技术高效安全化，助力联盟成员技术进步	攻克了大批技术难关，显著提升了产业技术创新水平，产学研各方有机协同，内生的自我完善动力提升。通过与中国科学院等国内外产学研单位形成战略性合作关系，克服了阻碍我国煤炭及相关产业发展的技术难关

名称	单位	目标	创新成效
农业装备产业技术创新战略联盟	中国农业机械化科学研究院、中国一拖集团、山东时风（集团）公司、山东五征集团、中国农业大学、浙江大学、江苏大学等15家单位	汇集联盟成员资源，构建联合研发平台，化解技术难题；强调合作共赢、优势互补，构建产业技术转移和技术成果反馈机制，培养农业机械设备创新的集群主体	提升了以创新驱动发展为核心的合作，搭建适应我国国情、符合产业需求的协同高效的新型农业装备产业创新体系，同时组织多项重大产业技术协同创新，加速农业装备产业转型和现代农业发展

2. 产业技术创新战略联盟试点工作与实效

自 2007 年 6 月全国联盟试点工作启动以来，已成立了 200 余个联盟。开展联盟试点工作的目的在于以下两个方面：一是充分发挥联盟在汇集创新资源、加快产业创新、推动多层次跨界融合中的重要作用。同时，通过联盟成员间优势互补、强强联合，达成国家科技计划项目的攻坚任务，突破重大技术创新瓶颈。二是通过试点示范，增强企业对联盟功能、性质认知，加快强化联盟组织功能、完善联盟组织运行机制，为建立成熟、完善的产学研协同合作的长效机制夯实基础。此外，试点工作还有助于推进联盟主动围绕产业技术创新链，开展技术标准的研制工作。

实践表明，试点工作的积极开展丰富了产学研合作的机制与模式，在抱团共进、共拓市场、开发共性关键技术、共建技术研发平台、协商制定产品质量标准与行业标准、拓深延展产品链、多元协同培育人才等方面取得了瞩目成果。同时，联盟试点在引领关键产业提升创新水平、突破核心技术、研发新产品、获取自主知识产权、科技成果转化应用等方面均取得一定成绩。国家级联盟试点工作的持续深入开展推动了我国联盟整体工作的量质齐升，对相关产业国际竞争力提升及国家经济结构战略性调整发挥了支撑引领作用。

2011 年，科技部等政府部门为响应众多联盟（钢铁可循环流程、再生资源、半导体照明、TD、农业装备、新一代煤化工、化纤、汽车轻量化、抗生素、存储等产业技术创新战略联盟）的呼吁，成立了首个联盟试点工作联络组。试点工作联络组的主要职责为：架起政府与联盟之间的沟通桥梁，推进联盟试点工作，加强联盟之间资源和成果的交流合作以及协同开展重大技术创新活动，助力联盟主动落实国家相关政策法规，构建试点联盟良性发展的自律机制。联络组以服务试点联盟为工作宗旨，以推动联盟试点建设为主要工作内容。

2016 年 7 月，我国产业技术创新战略联盟协同发展网正式启动运营（以下简称联盟协发网）。联盟协发网是在科技部的指导下，由试点联盟联络组与 16 家联盟组建，致力于促成联盟交流协作的新机制与组织新形态。联盟协发网是以 146 家国家级试点联盟为基础、以新兴互联网技术为依托的，面向社会开放的网络化产学研协同工作平台。从国家层面来看，联盟协发网迎合了国家重点产业和领域创新发展的布局与需求。

2017 年 4 月 24 日，由科技部、国家发展改革委等 15 部门联合发布的《关于印发"十三五"国家技术创新工程规划的通知》，提出到 2020 年实现"企业主导的产学研合作深入发展，建设一批带动产业整体创新能力提升的产业技术创新战略联盟，试点联盟达到 300 家以上"的目标。同时，强调了"突破一批产业核心、关键和共性技术，形成一批国际和国家技术标准"的愿望。在"十三五"国家技术创新工程规划的七大重点任务中，第三大任务提出了应依照自愿原则和市场机制，优化联盟总体布局，提升联盟功能，发挥联盟对推动产业重大技术创新和促进产学研协同创新重要作用的要求。

2017 年 9 月，《国务院关于印发国家技术转移体系建设方案的通知》，明确提出，"支持企业牵头会同高校、科研院所等共建产业技术创新战略联盟，以技术交叉许可、建立专利池等方式促进技术转移扩散"。

综上而言，围绕联盟发展，我国从国家级到省级、市级共同推进了一系列联盟建设工作，联盟整体得到了量质齐升。联络组的设立，从组织内部架构层面增强了国家级联盟试点建设工作成效。联盟协发网的成立搭起了政府与试点联盟紧密协作以及联盟之间共同创新的重要桥梁，更是"联盟之上的联盟"交流协作平台。当前我国联盟建设的长远战略眼光及标准化、规范化的建设思路，促进了联盟工作做实做细做深。然而，当前联盟建设仍表现出研发投入不足、产业创新结构不合理、重技术引进和模仿轻消化吸收等问题，导致部分企业仍停留在产业链低端，制约了企业甚至行业抓创新、谋发展。从党的创新驱动发展战略到党的十九大提出的创新引领发展，党的十九届五中全会明确现代化建设中创新的核心地位，都从国家顶层设计上加快了企业竞争由规模和成本竞争转变为速度和深度竞争。创新尤其是突破式创新不仅是企业高质量成长的重要途径，更是助力我国产业结构转型升级的核心驱动力量。

3. 产业技术创新战略联盟现状分析

本小节以我国科技部提供的大量翔实数据为基础，从联盟性质特征、论文发表情况、联盟活跃度、产学研合作情况等方面对我国联盟建设工作现状进行分析。

（1）从联盟性质特征来看。2017~2019 年，我国产业技术创新战略联盟主要分布在新兴产业、现代服务业、现代农业和民生科技等领域。由表 3-2 可知，首先是我国产业技术创新战略联盟有 10 家分布在新兴产业领域，占比约 45%。其次是民生科技，共 5 家，占比约 22%。而现代农业与现代服务业的联盟数量较少，分别占总体数量的 20% 和 13%。在未来的试点联盟建设中，应考虑适当增加现代服务业的联盟试点，更好地汇集服务行业各种资源与信息，形成联盟成员间的优势互补、利益共享、风险共担的共同体，这有利于消费者获得更优的服务质量和更高的服务效率，打造新的经济增长点。

表 3-2　2017~2019 年度 22 个 A 级活跃度产业技术创新战略联盟概况

序号	联盟名称	批次	产业领域
1	农业装备产业技术创新战略联盟	104	现代农业
2	TD 产业技术创新战略联盟	105	新兴产业

序号	联盟名称	批次	产业领域
3	汽车轻量化技术创新战略联盟	107	新兴产业
4	半导体照明产业技术创新战略联盟	110	新兴产业
5	WAPI产业技术创新战略联盟	114	新兴产业
6	化纤产业技术创新战略联盟	118	民生科技
7	存储产业技术创新战略联盟	119	新兴产业
8	新一代纺织设备产业技术创新战略联盟	124	民生科技
9	太阳能光热产业技术创新战略联盟	125	民生科技
10	木竹产业技术创新战略联盟	129	现代农业
11	肉类加工产业技术创新战略联盟	135	现代农业
12	集成电路封测产业链技术创新战略联盟	138	新兴产业
13	再生资源产业技术创新战略联盟	154	新兴产业
14	电动汽车产业技术创新战略联盟	212	新兴产业
15	光纤材料产业技术创新战略联盟	215	民生科技
16	住宅科技产业技术创新战略联盟	233	现代服务
17	烟气脱销产业技术创新战略联盟	235	民生科技
18	航天制造装备产业技术创新战略联盟	304	新兴产业
19	电动汽车电驱动系统全产业链技术创新战略联盟	317	现代服务
20	粉末冶金产业技术创新战略联盟	320	新兴产业
21	花卉产业技术创新战略联盟	341	现代农业
22	建筑信息模型（BIM）产业技术创新战略联盟	354	现代服务

注：三位数字中的第一位数字代表该联盟被批准成为科技部试点联盟的批次，第二、第三位数字代表该联盟在被批准文件中排列的顺序。

资料来源：中国产业技术创新战略联盟协同发展网。

（2）从联盟论文发表情况来看。联盟是传统产学研合作的更高级阶段、更新颖组织模式。通过中国知网（CNKI）数据库进行检索，发现以"产业技术创新战略联盟"为篇名的研究文献自2007年开始出现。一个重要原因可能在于，我国科技部等六部门于2007年6月联合召开了"产业技术创新战略联盟签约暨试点启动会议"。同时，首批四个联盟成立之后，"产业技术创新战略联盟"一词正式使用。图3-1是以"产业技术创新战略联盟"为主题，检索 2011~2020 年联盟研究文献数量演化趋势。期间，联盟发文量总体呈现倒U形特征。其中，2011~2014 年发文量呈现上升趋势，平均每年发文约182.25 篇，2014 年发文量到达峰值，2015~2020 年发文量呈现下降趋势，平均每年发文约 117 篇。尽管近六年呈现论文发文总量下降的趋势，但从整体来看产业技术创新战略联盟仍是学术界研究的热点。

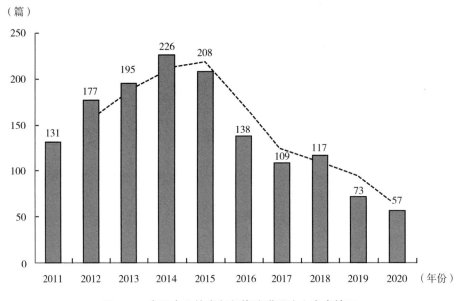

图 3-1　我国产业技术创新战略联盟论文发表情况

（3）从联盟活跃度来看。根据《2019 年度产业技术创新战略联盟活跃度评价报告》的结果，参评 2019 年度产业技术创新战略联盟的共 99 家（见图3-2）。其中科技部第一批试点联盟参评 37 家，第二批试点联盟参评 18 家，第三批试点联盟参评 34 家，联盟协发网网员联盟参评 10 家。活跃度高和较高的联盟有 54 家，占联盟总数的 55.54%。其中，活跃度高的联盟共 35 家，占联盟总数的 35.35%。活跃度较高的联盟共 19 家，占联盟总数的 19.19%。活跃度一般的联盟共 37 家，占联盟总数的 37.37%。不活跃的联盟共 8 家，占联盟总数的 8.08%。特别地，第一批设立的半导体照明产业技术创新战略联盟已连续六年获得联盟活跃度评价的满分。

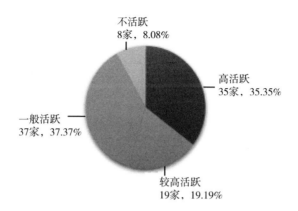

图 3-2 2019 年度我国产业技术创新战略联盟活跃度概况

资料来源：中国产业技术创新战略联盟协同发展网。

（4）从产学研协作创新战略联盟来看。2019 年，中国产学研合作促进会鼓励支持产学研界协同搭建工业设计产业技术创新战略联盟、产学研合作推动"一带一路"建设创新联盟、国家电力大数据创新联盟、高等师范院校教育科技融合创新发展联盟、国土空间资源保护与利用创新联盟等共计 25 个产学研协同创新联盟，并吸收它们成为全国产学研合作促进会团体会员（见表 3-3）。

表 3-3 2019 年中国产学研合作战略联盟名单

序号	2019 年中国产学研合作创新战略联盟名单
1	产学研合作推动"一带一路"建设创新联盟
2	城乡建设产业技术创新战略联盟
3	丹参产业技术创新战略联盟
4	国家电力大数据创新联盟
5	高等师范院校教育科技融合创新发展联盟

续表

序号	2019 年中国产学研合作创新战略联盟名单
6	工业设计产业技术创新战略联盟
7	工业园区节能环保产业技术创新战略联盟
8	国际项目管理创新战略联盟
9	国土空间资源保护与利用创新联盟
10	红外医学产业技术创新战略联盟
11	机器人创客教育创新联盟
12	检验鉴定技术创新联盟
13	健康养生文化传承创新联盟
14	教育培训协同创新联盟
15	金融科技教育与应用创新联盟
16	老年文旅康养创新联盟
17	青蟹产业技术创新战略联盟
18	生态塑料产业技术创新战略联盟
19	石墨接地产业技术创新战略联盟
20	数字乡村发展创新联盟
21	微能量医学产学研创新联盟
22	有机废弃物循环利用产业技术创新战略联盟
23	智能配电与物联网创新联盟
24	中医药适宜技术应用创新联盟
25	综合能源服务产业创新发展联盟

2019 年，中国产学研合作十大好联盟分别是创新创业教育新校区战略联盟、集装箱式水产养殖产业技术创新战略联盟、科创金融创新战略联盟、科技文化传播联盟、科普产学研创新联盟、能源应用技术创新战略联盟、生物检测监测产业技术创新战略联盟、石墨烯产业技术创新战略联盟、运动医学产学研创新联盟、周围血管诊疗技术创新联盟。联盟是加快产学研用紧密结合的创新型组织，通过联盟建设强化了企业家、科学家的深度融合协作，增强了产学研的精准对接，提升了产学研合作的质量和实效。

（5）从研究的热点问题来看。遵循词频分析法的精髓，对本书获取的有效期刊论文进行统计发现（见图3-3），关键词频次排序如下：产业技术创新战略联盟（35）、战略联盟（26）、产业技术创新（10）、伙伴（9）、政府行为（8）、技术创新联盟（7）、共生理论（7）、风险（6）、战略性新兴产业（5）。从高频关键词可知，将3个包含"联盟"的关键词视为研究对象的近似词，"战略性新兴产业"则是当前联盟主要应用的产业领域。

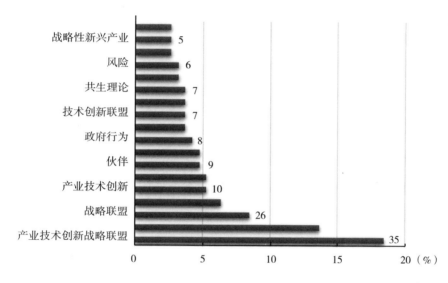

图3-3 产业技术创新战略联盟问题关注点

（二）我国产业技术创新战略联盟发展优势分析

1. 政策引导和扶持

为进一步贯彻落实党的十七大和全国科技大会精神，实施《国家中长期科学和技术发展规划纲要（2006—2020年）》，构建以企业为主体、市场为导向、产学研相结合的技术创新体系，提升产业核心竞争力，2008年科技部等六部门联合发布了《关于推动产业技术创新战略联盟构建的指导意见》，对联盟的申报提出了具体的规定，并明确了联盟的定位、主要任务、运行管理、支持政策等操作细则，以及各级政府相应的联盟绩效考评及奖励机制。2020 年 11 月 3 日发布的《中共中央关于制定国民经济和社会发展第十四个五年规划和二〇三五年远景目标的建议》，提出"推进产学研深度融合，支持企业牵头组建创新联合体，承担国家重大科技项目"，这是对构建联盟这一政策举措最新的表述。同时，对重点领域的联盟，政府仍发挥重要的行业引导和支持作用。联盟初期政府为产学研合作搭建了桥梁，发挥了其在项目、资金和政策方面的引导作用，助力联盟发展，促成产学研联合的商业模式逐渐形成，帮助联盟实现从政府引导向市场主导过渡。

2. 产业技术创新战略联盟成员角色互补，资源共享

本书课题组随机选取八个联盟作为研究样本，对各个联盟成员构成进行统计分析。从统计数据来看，我国绝大部分联盟都是由企业、大学、科研院所和其他机构等共同构成的（见表 3-4）。高校和科研机构是联盟知识创新和技术创新来源的主要途径，联盟成员间的"异质性"创新资源有助于为企业提供互补性的科学技术知识。高校和科研院所作为联盟内的重要盟友，一方面，充分发挥自身的知识资源优势，积极参与合作研发，加大了产业基础学科的研究；另一方面，加强科教人员、学生与企业之间的联系，使他们积极参与到企业的技术改造及创新活动中来，发挥其在联盟中的科技支撑作用。企业是联盟的主导力量，通过提供以及整合创新过程所需的资金、技术人才、科研设备等资源来参与联盟的研究开发。各行业内龙头企业与高等院校、科研院所等机构联合起来成立联盟，对重要的国家及区域产业进行重大的技术创新以及制定技术标准等。

表 3-4 部分产业技术创新战略联盟成员构成情况分布

指标 \ 联盟名称	成员数（个）	企业（家）	大学（所）	科研院所（家）	其他机构（个）
农业装备产业技术创新战略联盟	15	8	4	3	—
汽车轻量化技术创新战略联盟	17	12	4	—	1

续表

指标 联盟名称	成员数 （个）	企业 （家）	大学 （所）	科研院所 （家）	其他机构 （个）
化纤产业技术创新战略联盟	51	37	8	3	3
新一代纺织设备产业技术创新战略联盟	44	34	5	3	2
木竹产业技术创新战略联盟	32	25	7	—	—
光纤材料产业技术创新战略联盟	19	18	1	—	—
航天制造装备产业技术创新战略联盟	16	7	7	2	—
花卉产业技术创新战略联盟	67	41	9	17	—
总计	261	182	45	28	6
各部分成员所占比例（%）	100	70	17	11	2

资料来源：根据中国产业技术创新战略联盟协同发展网整理所得。

3. 产业技术创新战略联盟的产业带动效果显著

交流频繁的联盟积极主动开展构建产业技术创新链、推广和服务行业技术、掌握核心产业技术、促进人才交流培养等方面的工作。然而，在产业技术创新链的建立、媒体宣传以及社会舆论等方面，活跃度一般的联盟表现乏力，缺乏合作交流的联盟几乎没有开展这些方面的工作。此外，不同行业联盟带动产业发展的方式也各具特点，如 TD 产业技术创新战略联盟获得国家科技进步特等奖，牵头承担并完成超亿元规模的国家重大专项课题，推动国际标准研发、国家重大专项支持关键元器件和测试仪表等薄弱环节发展、项目指南制定，推动多个关于 5G、6G 的产业化专项等支持及 5G 示范项目落地。近年来，斥巨资建成的终端一致性测试平台，给多家芯片和终端厂家提供了测试以及联调等多项服务。半导体行业的环节包括材料、器件、应用等，每个环节都有可能融入许多不同的创新性技术，如纳米技术、互联网技术、量子技术等。半导体照明产业技术创新战略联盟的发展也推动了这些产业的进步，高效整合产业内的创新力量，构建创新的开放式国际化公共研发平台照明产业的跨越式发展。

4. 产业技术创新战略联盟借鉴经验丰富，联盟质量逐步提升

全国每年新成立联盟数量比较稳定，波动性较小。同时，从试点联盟活跃度来看（见图3-4），每年成立试点联盟所属行业活跃度不同。2019年有35家联盟活跃度高，占参与联盟总数的35.35%。共有7家联盟获得满分，其中第一批试点联盟有6家（TD产业技术创新战略联盟、半导体照明产业技术创新战略联盟、存储产业技术创新战略联盟、化纤产业技术创新战略联盟、太阳能光热产业技术创新战略联盟、木竹产业技术创新战略联盟），第二批试点联盟没有，第三批试点联盟有1家（粉末冶金产业技术创新战略联盟），尤其第一批的半导体照明产业技术创新战略联盟已经累计6年获得100分（见图3-4）。第一批试点中联盟活跃度高的有17家，在活跃度高的试点联盟中占52%。第二批联盟中个别表现优秀，有1家联盟得分在95分以上，7家活跃度高的联盟，在活跃度高的试点联盟中占21%。第三批试点有9家活跃度高联盟，占活跃度高的试点联盟27%，占第三批55个试点联盟总数的16%。第一批试点联盟中活跃度高联盟的比例大于第二批、第三批试点联盟，说明联盟运行时间长，能够帮助联盟总结出适合自身发展的经验，进而向其他联盟进行经验推广。此外，第一批试点联盟发展处于良好状态的重要原因还有在科技部举办的联盟评估活动中获评A类的联盟拥有科研项目推荐权。

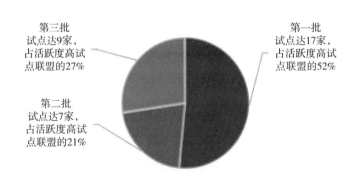

图3-4　2019年度联盟活跃度情况

资料来源：《2019年度产业技术创新战略联盟活跃度评价报告》。

5. 第三方服务机构助力联盟发展，推进创新服务体系不断健全

在联盟发展过程中，除要发挥企业在资金、技术创新等方面的主体作用外，银行等金融机构和中介服务机构对联盟发展必不可少。市场鼓励金融系统支持创新发展，拓宽融资渠道，加快市场化资金筹措的进程。同时，为优化联盟发展所依赖的创新环境，推进创新服务体系的建设和健全，相关平台网络的数量和质量应不断提升。服务机构的参与支持了国家实验室和研究基地的建设、为联盟成员提供了信用评级和担保服务，在完善联盟科技成果转化的产权交易市场、技术评估市场等发挥了重要作用。

6. 相关法律提供保障，产业技术创新战略联盟内部规章制度逐步明确

为进一步规范联盟的行为，我国制定并实施与产学研合作相关的法律法规，即《中华人民共和国科学技术进步法》《中华人民共和国促进科技成果转化法》《中华人民共和国中小企业促进法》《中华人民共和国农业技术推广法》。通过法律、条例、规定来促进和保护产学研联盟，建立联盟间的行业规范并签订联盟协议。通过确定技术创新的目标，分配好联盟成员之间的任务及联盟成果和收益的归属问题，同时也要考虑相应的风险分担，避免泄露重大关键技术成果信息，对企业的根本利益造成伤害。

（三）我国产业技术创新战略联盟问题及困难分析

1. 联盟科研水平亟须提升，协同创新程度不足

首先，从图 3-1 可以看出，我国联盟产出指标（论文发表数量）从 2014 年开始逐年下降，从 226 篇下降到 2020 年的 57 篇，说明我国联盟的整体科研激励不足，联盟整体学术水平没有形成新突破，研发能力偏低。其次，从调查情况来看，活跃度一般和较差的联盟在自设研发项目上存在较大不足，这也是联盟间差距明显的主要原因；另外，联盟在组织成员单位共同开发创新成果的同时，未能及时拟定联盟标准，且联盟中各类成员在研发技术、成果转化程度和市场把握程度等方面均差别较大，联盟成员的技术需求也均不

一致，导致联盟协调各成员以某一项关键技术为导向开展协同创新的难度提升。最后，由于自身经营状况以及外部市场环境的差异，各联盟成员的经营战略和策略难免产生波动，在此种情况下，进行协同创新更是难乎其难。因此，目前联盟的联合创新工作成效甚微。创新力量游离在产业创新主体之外，联而不盟，联而不强，盟而不优，缺乏有效的创新资源整合与集成。

2. 联盟所处行业分布不均

首先，由附录可知，从参与 2020 年度产业技术创新战略联盟 95 家试点联盟来看，我国联盟大多集中在第二产业中的材料和装备制造产业领域。其次是第一产业领域，所占比例较高，而第三产业中的新兴产业和现代服务业占比相对较小。其次，在涉及惠民工程的民生科技领域，联盟数量相对较少。再次，从联盟所处行业科技水平角度来看，我国联盟较少涉及高精尖科技行业，位于产业链低端的公司相对较多。较低附加值导致联盟发展前景及其对地方经济贡献有限。最后，联盟所涉及的行业分布中，涵盖的行业领域较为狭窄，特别在高精尖的科技类产业，如绿色农业产业发展所需的尖端工程技术和投入品等领域的相关联盟依然比较匮乏，不能满足各行业转型发展和市场化的需要。

3. 僵尸联盟问题突出

调查发现，绝大多数联盟的建立是为了响应党中央和各级政府的相关指导文件，互相配合通力合作。在联盟成立伊始，由于政府项目的一致性以及财政资金投入的关联性，联盟成员间仍然能够进行一定程度的沟通交流。当项目完结或者财政资金投入完毕时，联盟的运行就难以为继了，不少联盟一年仅召开一次工作会议。除会议外，由于联盟的管理机制较为零散，运行模式也缺乏规范性，成员的沟通存在一定问题。在相关活动和例会中，联盟成员间的交流和联系仅限于个别成员间由紧密的项目关联性而产生的单向交流和联系，难以全面实现联盟各成员的利益最大化，成员间的沟通交流和紧密联系被制约，导致联盟内部无法实现优质信息资源的传播和优化配置。

4. 联盟的模式定位以及目标不清晰

首先，由图3-2的统计数据可以看出，我国活跃度较高的联盟占比约为35%，未超过一半，这表明尽管联盟内部各个主体之间有一定的交流，但交流的时间以及频次没有形成规律，有效的交流机制在一定程度上有助于联盟目标的制定。其次，由于外部市场环境的波动，联盟成员在不同的发展阶段面临的具体问题不尽相同，因此需要经常调整联盟的长期规划以及技术革新方向。最后，由于联盟内部没有清晰的考核管理机制，缺少外部管理部门的监督约束，导致联盟成立初期订立的发展目标与重点任务无法进行有效评价与考核。以上因素共同导致各产业联盟的发展思路不流畅、发展定位不清晰、发展目标不鲜明。

5. 部分联盟缺乏资金投入，发展的外部政策环境仍有待完善

首先，尽管科技部及各省科技厅等相关部门均出台了关于联盟发展运行政策规范，但政府对联盟的资金支持主要以计划项目为代表的经费投入，缺乏多元的金融与财税政策工具的使用。其次，一些参与主体加入联盟的目标会因为政府的政策导向与项目的支持发生改变。最后，由于联盟发展过程中重政府资金投入，轻自主投入和发展的动力，过于依赖政府的指挥棒，使联盟未能形成内部长远战略合作的长效机制，市场在联盟发展运行中的主导作用仍有待增强。

6. 联盟运行模式及管理机制不健全

首先，调研发现，由于政府部门间的政策导向口径不一，导致联盟成员在联盟的发展方向、构建机制、管理机制等方面未达成一致共识；另外，部分联盟内部结构较为松散，成员工作分工情况不明确，缺乏凝聚力和信息资源共享意识，无法进行高效的资源共享和学习交流。其次，联盟的发展方向模糊，成员没有具体的工作目标，整体效率偏低，影响了联盟成员间深度长期合作的开展。最后，在一些成员较多的联盟，往往发展更强大、组织更成熟的企业具有较高的话语权，而联盟其他成员则缺乏提供建议的机会。

7. 利益共享机制不健全

首先，联盟章程对成员责权界定和利益分享约定不明。联盟内部的利益诉求渠道较少，利益诉求机制有待完善，一部分主体的利益诉求长期得不到表达和反映。其次，联盟章程对知识产权的共享、权利归属与利益分配缺乏明确约定，且联盟成员的维权途径不足，联盟内部矛盾突出。最后，联盟的利益分配缺乏有效的监管机构和机制，导致利益纠纷产生时处理无法可依、执法不严。

8. 联盟成员自主发展意识不足，组织延续性不高

首先，众多联盟主要围绕科技项目研发周期展开工作，当科技项目任务完成，联盟合作即终止，缺乏长效合作机制，联盟的自我造血功能脆弱，主动组织合作创新的动力不足。其次，若要让联盟作为整体运行，将联盟产生的成果对外转让或向外引进新的技术，联盟必须设置独立法人，但其操作难度过大，导致联盟很难作为整体运转，缺乏组织延续性。最后，联盟成员中不乏国有企业，其收益将作为国有资产，因此联盟很难在利益收支上做到平衡，缺乏组织延续性。

二、云南省产业技术创新战略联盟现状分析

云南省产业技术创新战略联盟建设工作处于中期阶段。自 2010 年以来，云南省广泛开展产业技术创新战略联盟试点工作，省科技厅陆续组织申报 5 批共计 65 家省级试点联盟。为深入贯彻习近平总书记考察云南的重要讲话精神，推进符合云南实际和时代特征的现代化产业体系的构建，打造云南经济增长新引擎，2020 年 8 月，《中共云南省委、云南省人民政府关于加快构建现代化产业体系的决定》发布，鼓励企业开展技术创新、管理创新、商业模

式创新，培育建设一批产业技术创新战略联盟、产业创新中心、产业技术研究院等创新和研发平台。

（一）云南省产业技术创新战略联盟发展现状

2011 年，云南省开始启动贵金属材料产业、红外光电产业、钛产业、民族药业等优势特色产业的联盟试点工作，总数仅 14 个。2012 年，云南省又筛选出 12 个联盟开展省级试点工作，共计涉及 400 余家企业。随后，云南省陆续分批开展了 5 批试点联盟的建设，其中第四批 11 个、第五批 17 个。通过对云南省联盟调研发现，作为产学研合作的新形态，联盟在实施和发展过程中仍面临着一系列问题。从当前的建设现状看，联盟内部成员逐渐开始重视模式创新、信任和利益分配机制的完善，以实现联盟机制稳定运行。

受数据收集限制，本书对联盟基本概况进行分析时，以云南省 65 个主要联盟为例。下面以云南省科技厅提供的数据为基础，从联盟成立年份特征、所属行业性质特征等方面对云南省联盟现状进行分析。

1. 从联盟成立年份来看

根据汇总资料显示，产业技术创新战略联盟成立年限在 5~10 年占比最大，占 47.62%。其次是 3~5 年，占 42.86%（见图 3-5）。从联盟成立时间来看，分布基本趋于稳定，波动不大，这与每年云南省稳定的经济环境和各行业的发展状况有关，也与当地政府大力扶植联盟有关，表明云南省产业技术创新战略联盟建设正稳步推进。

2. 从联盟性质特征来看

根据图 3-6 可知，云南省成立的联盟主要分布在新兴产业、现代农业领域。其中，首先是有 36 家分布在现代农业领域，占比为 55%，其次是新兴产业，共 13 家，占比为 20%，而民生科技与现代服务业数量相对较少，分别占总体数量的 14% 和 11%。造成这种现状的原因不仅与云南省经济发展状况有关，也与云南产业特征有关。同时，作为旅游大省，云南省现代服务业的联

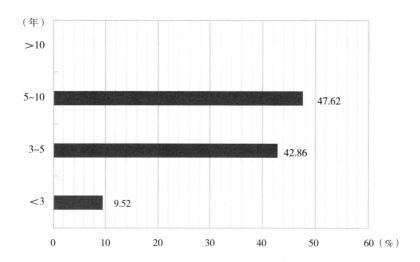

图 3-5　云南省产业技术创新战略联盟成立年限分布状况

资料来源：云南省科技厅。

盟数量较少，这与发展服务业不相符。在试点的产业技术创新战略联盟中，可以考虑适量增加旅游服务业的联盟试点，为旅客提供更好、更高的服务质量，打造云南新形象。

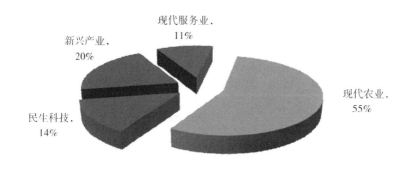

图 3-6　云南省产业技术创新战略联盟行业分布

资料来源：云南省科技厅。

3. 从联盟构成来看

联盟是产学研的结合体，是资源共享、风险共担的共同体。基于联盟参与主体众多，同时涉及企业、高校和科研院所，每个联盟需要一个机构充当统筹管理的角色。当前国内外联盟根据运营主体的不同，可将联盟运营模式分为以高校主导、政府主导、企业主导和中介服务机构主导四类。本书沿用此划分标准对云南省联盟进行分析。由图3-7可知，在云南省联盟试点名单中，57%的联盟由科研院所为牵头单位，其次是企业牵头型联盟，占比33%。高校牵头型占10%。不同主体牵头的联盟运行模式各具优点。企业牵头的联盟运行模式更加灵活、精准导向，能够第一时间根据市场行情调整战略方向。高校牵头的主要是科技水平较高的联盟，表现出对科研成果较强的依赖性。

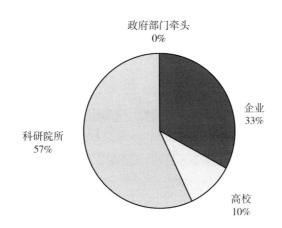

图3-7　云南省产业技术创新战略联盟牵头单位分布

4. 从联盟投入经费来看

联盟的发展离不开资金支持。没有足够的资金支持，联盟发展将受到很大的限制，这也是云南省联盟发展的问题所在。调研结果显示，联盟经费投入主要源于两部分：一是内部自筹经费；二是政府审批经费。一般来说，新兴产业和高科技产业联盟的主要投入源于自筹经费，且此类联盟所涉企业的政府资助费相对较多。由图 3-8 可以看出，云南省联盟经费投入低于 1000 万元的联盟合计 9 个，1000 万~5000 万元的联盟合计 9 个，5000 万~1 亿元的联盟合计 2 个，1 亿元以上的联盟合计 4 个。即经费投入 5000 万元以下的联盟占云南省联盟总量的 75%，1 亿元以上的联盟仅占 17%，这与云南省的财政投入相关。与全国情况相比，云南省联盟整体投入经费较少，且不同联盟之间投入差距显著。综上可知，云南省联盟仍处于低水平、低投入阶段。同时，政府面向新兴产业的投入较大，而面向现代农业、服务业的联盟资金投入相对较少。因此，云南省在提供资金支持时，可适当考虑增加对涉及民生的联盟提供除政策优惠以外更大的资金帮扶。

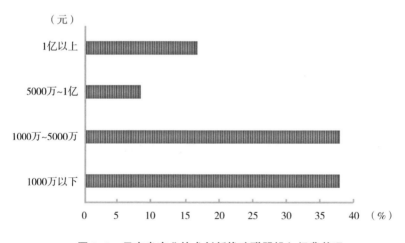

图 3-8　云南省产业技术创新战略联盟投入经费状况

5. 从联盟论文发表情况来看

课题组对云南省 65 家联盟论文发表数量进行分析可知，云南省联盟相关主体单位共发表学术论文 472 篇，其中，发表 10 篇以下的联盟有 15 个，发表 11~20 篇的联盟 5 个，发表 21~30 篇的联盟 0 个，发表 31~40 篇的 3 个，发表 40 篇以上的 1 个。由图 3-9 可知，云南省联盟的科技产出成果较少，各联盟间差距较大。大部分联盟发表论文数量较少，基本在 10 篇以下，占比 62.5%。超过 40 篇的只有 1 家联盟。另外，云南省联盟在三年内的产出成果相对较小，投入和产出失调。大部分联盟没有达到预期成效，说明云南省联盟整体科研水平较低，技术成果产出效益不明显，因而联盟未来需要大力引进高素质人才，增强企业与高校、科研院所的合作，以获得高素质人才，进而转化为科技成果产出。

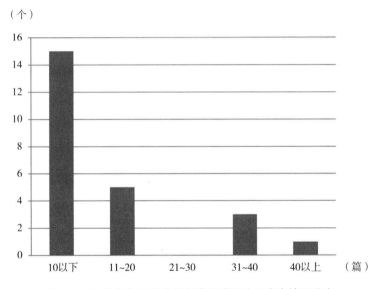

图 3-9 云南省产业技术创新战略联盟论文发表情况分布

6. 从联盟技术专利申请来看

云南省联盟中拥有 10 件以下专利申请量的占 38%，专利申请量为 11~20 件的联盟合计 4 个，专利申请量在 21~30 件、31~40 件、41~50 件的联盟数量较少，分别是 3 个、2 个、3 个。而 50 件以上专利申请量的联盟只有 3 个，占 12.5%（见图 3-10）。由此可知，从专利申请衡量创新产出来看，云南省联盟科技成果转化相对较少，且不同联盟间产出存在显著差异，表明云南省联盟的运营状况参差不齐。运营情况较好的联盟通常具有较为可观的技术产出成果。相反，运营情况相对差的联盟，其技术成果寥寥无几，形成了两头大中间小的格局。因此，在未来联盟建设中，既要强调对优势联盟的经费投入，进一步增强竞争优势，也要重视补齐短板，对运行绩效不佳的联盟进行精准帮扶，使所有联盟齐头并进。

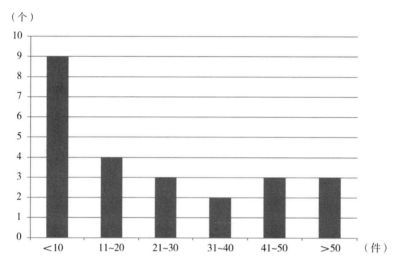

图 3-10　云南省产业技术创新战略联盟专利申请状况分布

7. 从联盟成员总数来看

根据图 3-11 可知，联盟成员总数量为 11~50 人的占比为 90.48%，10 人以下和 51 人以上的联盟均占 4.76%。因此，云南省联盟绝大多数为中型联盟。

8. 从联盟合作的主要目标来看

根据图 3-12 可知，从联盟合作目标来看，所有受访的联盟均选择了"合作研发产业关键共性技术"。选择"共同开发利用市场"的联盟有 30 家，占比 48%，选择"制定产业技术标准"的有 39 家，占比 62%，选择"获取政府项目与经费支持"的有 42 家，占比 66.67%。综上可知，"合作研发产业关键共性技术"是当前联盟组建的首要目标。

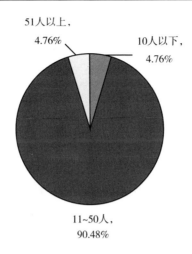

图 3-11　云南省产业技术创新战略联盟成员总数状况

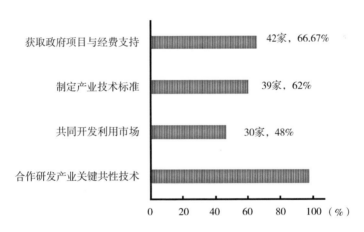

图 3-12　云南省产业技术创新战略联盟合作主要目标状况

9. 从联盟面临的主要风险状况来看

根据图 3-13 可知,在联盟运行面临的主要风险中,受访联盟选择"技术研发失败""利益分配纠纷""知识产权遭不当利用""成员之间缺乏信任"的比例较为相近,保持在 33.33% ~ 52.38%。综上可知,云南省联盟对上述四种风险均给予相同程度的关注,四者共同构成联盟运转的主要风险。

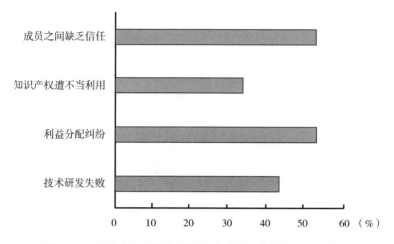

图 3-13 云南省产业技术创新战略联盟面临的主要风险状况

10. 从联盟执行机构来看

根据图 3-14 可知，在联盟的执行机构方面，表示"有独立的联盟事务执行机构"的联盟占比 23.81%，选择"没有独立机构，与联盟成员单位的组织机构重合"的联盟占比 76.19%。综上可知，基于节约成本考虑，多数联盟未设立独立的联盟执行机构。

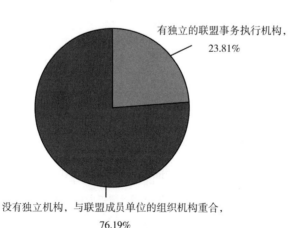

图 3-14 云南省产业技术创新战略联盟执行机构状况

11. 从联盟合作创新情况来看

图 3-15 表明，承担政府科技计划项目的联盟占比 52.38%。图 3-16 表明，参与由联盟成员集体投入经费的自设协同创新项目的联盟占比 76.19%。图 3-17 表明，未承担外部委托（非政府委托）项目的联盟占比约 81%。图 3-18 表明，有共建研发平台的联盟占比 47.62%。图 3-19 表明，自联盟成立以来，开展过合作创新活动并取得成果的联盟占比 76.19%。考虑合作创新活跃度时，受访联盟中，合作创新工作"非常活跃"的联盟占比 9.52%，"活跃度一般"的联盟占比 90.48%（见图 3-20）。综上可知，云南省联盟普遍开展或参与了合作创新活动，且多以承担政府科技计划项目作为主要的合作创新模式。

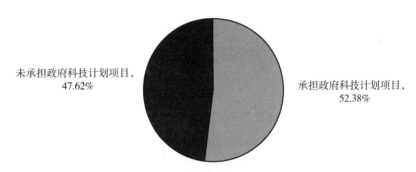

图 3-15 云南省产业技术创新战略联盟承担政府科技计划项目状况

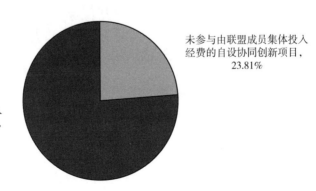

图 3-16 云南省产业技术创新战略联盟成员集体投入经费自设协同创新项目状况

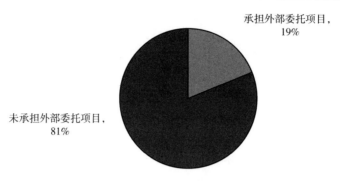

图 3-17　云南省产业技术创新战略联盟承担外部委托项目状况

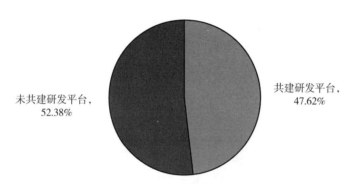

图 3-18　云南省产业技术创新战略联盟共建研发平台状况

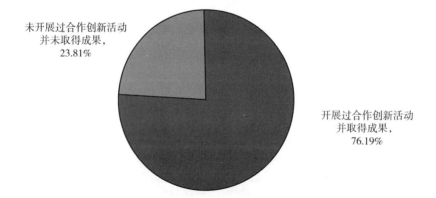

图 3-19　云南省产业技术创新战略联盟合作创新技术成果状况

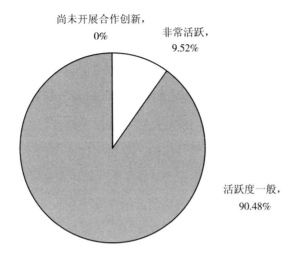

尚未开展合作创新，0%

非常活跃，9.52%

活跃度一般，90.48%

图 3-20　云南省产业技术创新战略联盟成员合作创新状况

（二）云南省产业技术创新战略联盟发展优势分析

1. 政府强有力引导

以政府为主导的联盟运行模式在云南省产业技术创新战略联盟中普遍存在。在联盟的组建和运行中，政府的作用非常重要，主要体现在：一是政府的号召力和影响力较大。由政府牵头或主导的联盟，其较强的号召力，便于组织内部进行交流沟通，能够容易将相关资源聚集到一起，便于联盟的发展。二是较多的政策优惠。由于政府在联盟中扮演重要的角色，对联盟的运行比较清楚，能够出台有利于联盟发展的政策优惠。三是雄厚的资金支持。联盟运行发展离不开大量资金的投入。当前联盟的资金来源一部分来自内部自筹，另一部分则来源于政府审批。同时，云南省政府为了调动联盟建设的积极性和主动性，实施众多资金以及制度规范的政策，引导国家级重点产业或战略性新兴产业等联盟的建立，帮助产业技术创新战略联盟的持续稳定发展。

2. 联盟成员多样化，内部分工明确

本书随机抽样 10 个联盟，对各个联盟成员构成进行统计分析。从统计结

果来看，云南省大部分联盟都由企业、高校、科研院所和其他机构共同构建（见表3-5）。其中，企业、高校、科研院所以及其他机构的构成比例是28：8：9：5。由此可见，企业在联盟建设中占比较大，这主要是由于企业直接与市场接触，能够比较清晰、准确地感知市场的变化动向，有较大的灵活性。科研院所和高校的比例基本相同，其作用主要是为企业提供高素质专业人才以及有利于企业发展的核心技术。同时，参与主体的多样性不仅有利于资源共享、优势互补，而且有利于培育核心竞争力，利用市场机制整合创新资源，实现企业、高校和科研院所等在战略层面的有效结合，共同突破产业发展的技术瓶颈。总之，企业作为联盟的创新主体，是联盟发展所需要的资金、人才和科研设施等资源的重要来源渠道。企业参与科研开发、技术推广并落实技术市场化任务。高校和科研院所通过提供智力资本参与研究开发，将各种资源进行合理配置，并提供核心技术，攻破技术难关，给联盟提供源源不断的创新动力。云南省政府及相关部门选取产业与技术创新试点，通过提供政策、专项资金支持，鼓励产业和技术重大科技项目立项。

表3-5 云南省部分产业技术创新战略联盟成员构成情况分布

指标 联盟名称	成员数 （个）	企业 （家）	高校 （所）	科研院所 （家）	其他机构 （个）
贵金属材料产业技术创新战略联盟	32	12	12	8	—
云南花卉产业技术创新战略联盟	17	12	1	4	—
云南肉牛产业技术创新战略联盟	29	25	1	2	1
云南食用菌技术创新战略联盟	22	11	3	7	1
外场强化过程与装备产业技术创新战略联盟	17	12	2	2	1
面向东南亚南亚的文化旅游电子商务产业技术创新战略联盟	35	25	6	2	2
高原山区公路水路建管养运交通产业技术创新战略联盟	21	2	4	6	9

续表

指标 联盟名称	成员数 （个）	企业 （家）	高校 （所）	科研院所 （家）	其他机构 （个）
民族药产业技术创新战略联盟	14	3	2	5	4
云南太阳能光热产业技术创新战略联盟	9	5	1	1	2
云南省高效精密数控机床技术创新战略联盟	16	12	1	2	1
总计	212	119	33	39	21
各部分成员所占比例（%）	100	56	16	18	10

3. 联盟地方特色鲜明

多年来，云南省磷矿资源储量矿石量、鲜花产业一直领先全国。云南磷资源高效开发利用产业技术创新战略联盟、面向东南亚南亚的文化旅游电子商务产业技术创新战略联盟、云南花卉产业技术创新战略联盟等为代表的联盟，所涉及的领域都是云南地方特色的产业或优势行业。由表3-6所知，涉及地域特色类型的联盟共有19个，在所有26个联盟中占比约为73%。由于独特的地理环境和温和的气候条件，云南省在现代农业和生物制造业方面发展较快。例如，云南甘蔗糖业技术创新战略联盟、云南咖啡产业技术创新战略联盟、云南省石斛产业技术创新战略联盟、云南鸡产业技术创新战略联盟、三七产业技术创新战略联盟、云南省灯盏花产业技术创新战略联盟等。

表3-6 云南省产业技术创新战略联盟性质分类

联盟名称	是否特色产业	联盟名称	是否特色产业
云南省高效精密数控机床技术创新战略联盟	否	云南咖啡产业技术创新战略联盟	是
云南磷资源高效开发利用产业技术创新战略联盟	是	云南甘蔗糖业技术创新战略联盟	是
钛产业技术创新战略联盟	是	云南鸡产业技术创新战略联盟	是

续表

联盟名称	是否特色产业	联盟名称	是否特色产业
云南生物疫苗产业技术创新战略联盟	否	贵金属材料产业技术创新战略联盟	是
云南省灯盏花产业技术创新战略联盟	是	多联产煤化工产业技术创新战略联盟	否
云南省石斛产业技术创新战略联盟	是	钛产业技术创新战略联盟	是
三七产业技术创新战略联盟	是	外场强化过程与装备产业技术创新战略联盟	否
云南马铃薯产业技术创新战略联盟	是	云南太阳能光热产业技术创新战略联盟	是
云南花卉产业技术创新战略联盟	是	面向东南亚南亚的文化旅游电子商务产业技术创新战略联盟	是
云南肉牛产业技术创新战略联盟	是	高原山区公路水路建管养运交通产业技术创新战略联盟	是
云南生猪产业技术创新战略联盟	否	红外光电产业技术创新战略联盟	否
云南实验动物产业技术创新战略联盟	否	临空产业技术创新战略联盟	是
云南食用菌技术创新战略联盟	是	民族药产业技术创新战略联盟	是

4. 联盟数量初具规模，试点效应突出

云南省每年成立联盟数量比较稳定，基本保持在十几家，且波动性不大。同时，从试点联盟所涉及行业来看，每年成立试点联盟所属行业侧重点不同。第一批试点主要涉及贵金属、民族制药业等独具云南特色的产业，首批试点联盟也是云南省最具实力特色的行业。第二批联盟试点工作以现代农业为主，随后两批主要在生物能源与民生科技领域，第五批试点联盟主要涉及高原特色农业等领域。由图 3-21 可知，云南省产业技术创新战略联盟建设工作稳步、高效推进，这与云南省的省情基本符合。云南省产业技术创新战略联盟建设力求稳定、高效，不求数量增多，追求提升联盟运行质量。云南省产业技术创新战略联盟在五年试点工作中取得了很好的效果，其试点效应突出。从云南省科技厅公布的前三批产业技术创新战略联盟试点绩效评价结果来看（见图3-22），前三批联盟绩效评价结果较好，A 表示运行绩效较好，取得突出成绩的联盟，占比47%；B 表示运行绩效一般，成绩不显著的联盟，占比35%；C 表示运行较差、存在较多问题的联盟，前三批共40个联盟中，运行较差的仅占18%。由联盟绩效评价结果来看，云南省产业技术创新战略联盟的运行状况较好，同时根据评价结果，可以对试点联盟进行动态调整和择优支持。

（个）

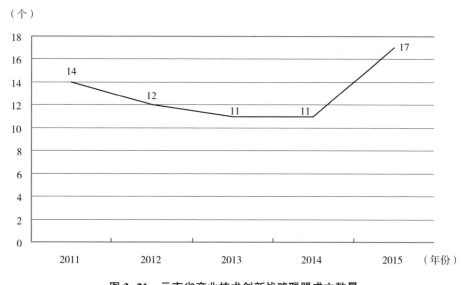

图3-21 云南省产业技术创新战略联盟成立数量

5. 不同联盟发展策略独具特色

云南省不同联盟根据自身发展状况，制定适合本产业发展的模式。以2013年成立的云南省农药产业技术创新战略联盟为例，首先，在农药新品开发阶段，云大科技等会员单位可以获得云南省、市科技部门立项的科技创新

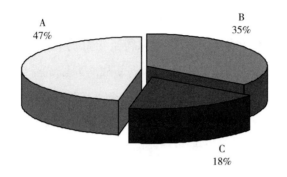

A（较好，成绩突出）
B（一般，成绩不显著）
C（较差，存在较多问题）

图 3-22 云南省前三批产业技术创新战略联盟绩效评价

开发项目；其次，在申报云南省农药生产基地的技术创新项目方面，昆明农药厂、云大科技已经拥有建成集约化、规模化产业的资格。高校、科研院所和农业企业是云南省农药产业技术创新战略联盟发展的重要支撑。又如，云南咖啡产业技术创新战略联盟在开展科技创新、转化科技成果、加强人才团队建设等方面做出很大努力，自联盟创建以来，培养了众多科研人才，在所合作的高校开设咖啡等对口专业，系统培养产业联盟发展所需要的人才，为相关的产业发展储备人才资源。

（三）云南省产业技术创新战略联盟问题及困难分析

1. 联盟整体创新意识和创新能力不足

首先，云南省各联盟科研水平参差不齐，大部分联盟科研能力低下。由表 3-7 可知，云南省联盟专利申请数量较少，较多联盟的技术成果数量不足 6 个，只有小部分联盟拥有较多的专利，表明众多联盟对知识产权保护的重视程度不足，缺乏创新意识和创新能力。根据随机抽取的 10 个联盟所获得的技术成果来看，获得三等奖的比例为 43%，占比最大，然而，一等奖的比例仅占 21%，表明云南省联盟研发能力欠缺，创新能力不足，尤其缺乏重大科技创新成果的研发。另外，从图3-9可以看出，云南省联盟的论文发表数量（即产出指标）较少，几乎在10篇以内，占比达62.5%，只有极个别联盟具有较高产出效率（4家联盟的论文发表数量在30篇以上）。与全国重点高校相比，云南高校的科研水平较低，制约了联盟的研发能力进一步提升，还需要与高校和科研院所展开更多的合作。

表3-7　云南省产业技术创新战略联盟技术成果奖等级

联盟名称 \ 指标	一等奖（项）	二等奖（项）	三等奖（项）
钛产业技术创新战略联盟	0	0	3
云南花卉产业技术创新战略联盟	2	2	1
多联产煤化工产业技术创新战略联盟	2	2	7
红外光电产业技术创新战略联盟	5	4	5
外场强化过程与装备产业技术创新战略联盟	0	2	0
面向东南亚南亚的文化旅游电子商务产业技术创新战略联盟	0	0	0
高原山区公路水路建管养运交通产业技术创新战略联盟	4	13	12
民族药产业技术创新战略联盟	5	5	8
云南太阳能光热产业技术创新战略联盟	0	0	0
云南省高效精密数控机床技术创新战略联盟	0	2	0
总计	18	30	36
各奖项所占比例（%）	21	36	43

2. 联盟内部关系缺乏稳定性

云南省联盟稳定性相对较差。一方面，组织内部缺乏清晰完整的规划和协同机制，对新成员的能力和分工缺乏清晰定位，导致联盟成员在开展研究和合作过程中，实力相对较弱的盟员无法实现自身利益最大化。同时，联盟发展过程中旧成员要不断适应新成员，联盟进入机制和协调机制的不完善会影响成员任务和职责的重新分配效率，进而影响项目进度。另一方面，联盟成员间信息资源的相似性直接降低成员间相互学习的积极性。同时，部分联盟成员位于不同的行业领域，相互间没有具体的可参照性，不利于联盟稳定发展。

3. 联盟所属行业多处于产业链低端环节

由图 3-6 可知，云南省联盟的行业大多集中在现代农业领域，占比高达 55%，而新兴产业、民生科技和现代服务业的占比相对较小。云南省联盟较少涉及高科技行业，大多位于产业链低端，产业附加值均较低，发展前景及对地方经济贡献有限。此外，第三产业发展不足，与云南省作为旅游大省的形象不匹配，不符合云南省经济发展的现状，可以考虑适量增加旅游服务业的联盟试点。

4. 联盟合作松散，内部交流有待进一步增强

联盟间良好的沟通可以使成员及时了解联盟运营情况，解决联盟遇到的各种困难。良好的沟通不仅能加深各成员彼此间的信任，还可以提高联盟工作效率。由图 3-23 可知，云南省联盟开展技术交流活动在 1~4 次的数量最多，共有 7 个，占比 42%，其次是开展技术交流活动在 5~8 次的联盟，数量为 6 个，占比 35%。开展技术交流活动在 17~20 次的联盟仅有 1 个，占比 5.8%，表明联盟主体彼此间的交流次数较少，没有定期开展交流沟通互动，不利于培育联盟成员的归属感。从参与科技主管部门活动情况来看，参与次数在 1~4 次的联盟数量最多，有 9 个，占 56%，其次是参与次数在 5~8 次的联盟，有 5 个，占 31%。开展技术交流活动在 9~12 次、13~16 次的联盟各有 1 个，均各占不足 6%。没有联盟参与科技主管部门活动次数在 17 次以上，说明大多数联盟没有积极参与科技主管部门活动，这对联盟发展不利。

5. 联盟内部机制有待健全

由图 3-20 可知，虽然联盟内部各个主体间有一定的交流，但交流的时间以及交流频次没有规律，并未形成有效的交流机制。在联盟参与科技主管部门活动上，随意性较大，没有定期的例会制度等。调研发现，大多数联盟没有自己的网站（见图 3-24），占比 80%，在互联网上很难搜索到有关该联

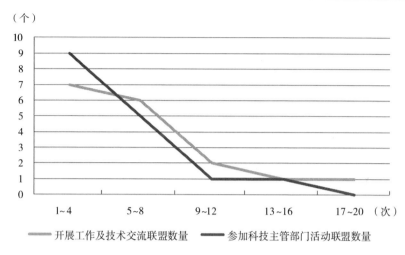

图 3-23 联盟成员参与科技主管部门活动及联盟内部交流活动情况

盟的介绍。只有 20% 的联盟拥有自己独立的网站,可通过联盟发布的信息来了解联盟的日常动态,也能时刻与外界保持沟通交流。大部分联盟没有自己独立的网站,不便于联盟与外界沟通,及时发布联盟信息,增强知名度,增进外界了解,不利于联盟内部各主体间的信息交流。因而,联盟应该建立健全内部管理机制,以保证联盟高效、有条不紊地运转。

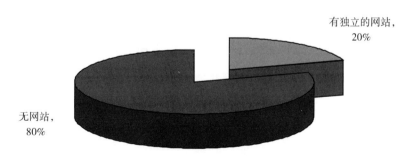

图 3-24 联盟网站有无情况

资料来源:根据云南省科技厅提供资料整理所得。

6. 政府支持力度不足，联盟与云南产业的贴近度较低

从图 3-4 来看，近三年来成立的联盟数量较少；从图 3-6 来看，作为旅游大省，与云南现代服务业相关的联盟较少，与云南成熟的发展服务业现状不符；从图 3-7 来看，由政府部门牵头组建的联盟几乎没有；从图 3-8 来看，云南省联盟的经费投入相对较少。可以看出，在云南省联盟发展过程中，政府部门对联盟的支持协调力度不足，联盟缺少合适的融资途径，融资渠道不畅，联盟的发展运行条件支撑不足。另外，与云南省八大重点产业相关的联盟较少，不符合云南省未来的发展方向。

三、本章小结

本章探讨了我国以及云南省产业技术创新战略联盟的整体现状，分析了联盟发展面临的困难与问题。一方面，我国联盟在协同攻克共性关键技术、搭建研发平台、延伸产品链等方面取得显著成效，对促进国家经济结构战略性调整提供了有效的支撑。另一方面，根据前文的分析可知，我国联盟仍存在整体科研创新力度不足、僵尸联盟现象突出、运行模式及管理机制不健全等问题。在制度建设、人员配备、管理机制等方面具有较大的提升空间。因此，未来需要通过开展针对性研究，提出适应国内不同地区联盟现状与需求的具体对策建议。

第四章　产业技术创新战略
联盟运行模式分析

产业技术创新战略联盟运行模式是指在联盟运行过程中各构成要素之间相互联系、互为因果的联结方式及运转模式，联盟为实现其战略价值，通常会设立明确的任务和目标，即通过联盟体间的技术交流与合作实现技术创新，获得行业标准优势。因而，有必要对联盟内涵、特征和分类进行分析，总结其运行模式。

一、产业技术创新战略联盟的内涵、特征及分类

（一）产业技术创新战略联盟的内涵分析

联盟对于产业发展和国家整体创新能力提升具有极大的促进作用，因此成为学者研究的热点和重点。本节梳理相关论述，并综合大部分学者的观点，联盟的内涵主要包括以下四个方面：

1. 联盟具有三个必要的组成要素：成员单位、研发项目、内部协议

一是组成联盟的成员单位应做到共同投入成本、共同分担风险和共享资源与利益；二是联盟应遵照国家的战略目标和区域产业的发展需求，制定研

发项目，并完成相应的科研成果；三是联盟内部应签订协议或契约，根据协议或契约内容对联盟各成员单位进行法律约束和制约。

2. 联盟的组织形态本质上是一种利益共同体

联盟的主体通常是在市场中占据主导地位的企业，并以该企业的生存和发展需求为基础，确立联盟的研发方向和相关科技创新标准，通过将各种优势资源集中到一起，建立一种长期的、稳定的、具有战略性的、制度化的利益共同体。

3. 联盟具有一定的运行机制

联盟内部间签订的协议或契约为其提供了法律保障，契约关系规范了联盟各成员单位的行为。同时，契约规定了联盟各成员单位的责任和权利，确定了成本和资金投入、利益分配、风险承担、知识产权归属等机制，由此保障联盟的正常、稳定运行。

4. 联盟在运行过程中应设立需要完成的主要任务

一般情况下，联盟的主要任务分为四类：一是实现技术方面的联合攻关。联盟各成员单位间应自行组织并有效分工，合理利用各单位的创新资源，实现核心技术的突破。二是建立联盟公共的技术平台。通过平台实现知识产权共享，提高创新资源的有效利用率，以形成产业内的技术标准。三是达成创新成果的产业化。将创新成果和相关理论落到实处，为联盟和广大群众带来实际的福利，造就人民福祉，为提升产业创新能力增添一份动力。四是联合培养创新人才。联盟各成员单位间通过人员的沟通交流和良性互动，实现多元化人才的培养，从而推动科学技术创新。

（二）产业技术创新战略联盟的特征分析

与其他类型的联盟不同，产业技术创新战略联盟重在"技术创新"，因此，除与常规的联盟同样具有契约性质外，增强产业整体竞争力是产业技术创新战略联盟区别于其他类型联盟的根本。基于此，本书梳理并总结了产业技术创新战略联盟在主要任务和参与主体与其他类型联盟的不同，具体区别有以下三个：

1. 联盟具有契约性

通常情况下，联盟为保障正常的运作，会通过契约或协议规定联盟各成员单位的责任和权利关系，确立投资、决策、风险承担、利益分配、知识产权归属等相关机制。另外，联盟本身不一定拥有独立法人，但是联盟的日常运行和各成员单位的所有行为都受到法律规范和约束。

2. 联盟任务具有多重性

与主要目的为了分担成本和风险，并整合资源与资金以迅速在市场上占领优势的战略联盟不同，产业技术创新战略联盟的任务应聚焦于"技术创新"，因此，任务具有多重性。一是联盟各成员单位间应合作并进行合理分工，将优势的科技资源集中，共同突破基础的共性技术；二是联盟各成员单位间应通过自身所持有的基础知识产权的交易许可，形成核心的共性技术基础，确立相关产业内统一的技术标准；三是联盟各成员单位间应共同研发新兴的先进技术，并推动先进技术的商业化进程，从而提高整个产业在市场上的技术竞争力；四是联盟各成员单位间应通过建立人才储备，提升产业整体的技术创新能力与技术水平。

3. 联盟参与主体具有多样性

与其他类型的以企业为主体的联盟不同，产业技术创新战略联盟的参与主体除企业外，通常还有政府、高校和科研院所。三者之间分工明确、各司其职、各负其责。具体来说，政府是联盟的领导主体，主要负责对产业和技术进行遴选，提供政策上的支持给相关的产业和技术，鼓励其发展，以及通过重大科技专项为相关产业和技术提供专项资金；企业是联盟的创新主体，主要负责提供创新所需的资金、技术人员和科研设施等资源，并派出相关人员参与研究开发，对有关技术进行推广，负责技术市场化任务并进行落实；高校和科研机构是联盟的智囊团，通过提供智力资源参与研究开发。

（三）联盟分类

产业技术创新战略联盟是以"技术创新"为首要目标的战略联盟，通过对相关资料和文献梳理后发现，大多数学者根据组建联盟的目标不同，将产业技术创新战略联盟划分为三种类型：①技术攻关合作联盟。该类型联盟的组建目标是为了解决产业内的共性技术问题。例如，日本政府引导东芝、瑞萨、NEC、富士通四家公司共同组建的"R&D联盟"，此联盟在共性技术和工艺方面实现了成功突破，使日本一跃成为全球半导体产业内首屈一指的强国。②产业链合作联盟。该类型联盟的组建目标是为了提升产业链竞争力。例如，在3G移动通信技术领域，中国政府引领大唐电信、华为、中兴、普天等产业内的优势企业，共同组建了"TD-SCDMA产业联盟"，该联盟的成员单位分别遍布于产业链内系统设备、芯片、手机终端、仪器仪表、配套设备和软件等各个环节，成功实现了TD-SCDMA技术标准的产业化。③技术标准联盟。该类联盟的组建目标是为了研发共性技术，并建立和推广技术标准。技术标准的确立，不仅需要实现基础共性技术的突破，而且需要实现产业化。例如，中国的"闪联标准联盟"，该联盟拥有行业内100多家成员单位。但是以上三种联盟类型的划分并不严格，因为许多联盟可能同时兼具三种类型的特征。例如，中国的"TD-SCDMA联盟"不仅是一个典型的产业链合作联盟，其制定和推广技术标准的目标也十分明确。而重大共性技术研发和突破，就是建立推行TD技术标准并打造完整产业链的关键。

此外，还有学者热衷于依据联盟的产业路径，将联盟分为技术导向型联盟和商业导向型联盟两类。技术导向型联盟以研究和推广技术为主，而商业导向型联盟以推进科研成果的商业化进程为主。然而，通过对云南省的联盟进行调研后发现，云南省的联盟通常存在一个主要核心领导方，联盟的成员单位以领导方为核心开展相应的工作、获取相应的资源，组成不同的运行模式。因此，根据领导方自身属性和特征，本书把其划分为政府主导型联盟、企业主导型联盟、科研院所主导型联盟和中介机构主导型联盟。

二、产业技术创新战略联盟运行模式分析

目前，云南省共有 65 个产业技术创新战略联盟，其中，企业主导型联盟和科研院所主导型联盟占据大多数，分别为 36 个和 19 个，占比 84.6%。政府主导型联盟和中介机构主导型联盟较少，分别为 7 个和 3 个，占比 15.4%。这表明云南省产业技术创新战略联盟运行过程中，企业（主要是国有企业）及高校和科研院所发挥着比较重要的作用。

根据以上运行情况可知，每个联盟的内部都存在一个核心机构，该机构引导联盟的发展方向，统筹盟员的创新动态，协调促进盟员间的合作交流，决定合作产生的收益分配方式，在联盟中处于绝对主导地位，对联盟运行起着举足轻重的作用。从联盟内部主导机构的性质入手，对联盟组织模式进行分析，有利于明确联盟的总体目标和技术创新重点，构建清晰的技术创新联盟路径。同时，对要组建联盟的相关单位起到一定的借鉴、指导作用。

（一）政府主导型联盟

1. 政府主导型联盟的概念

政府主导型联盟运行模式指由政府引导成立和运行的联盟。政府为提升国家和地区的科技创新能力，促进产业领域内技术经济高质量发展，会委派某个政府机构以直接介入的方式，主导产业技术创新战略联盟运行。联盟通过产学研相结合，实现技术研发项目的突破。

2. 政府主导型联盟运行模式特征分析

（1）以政府为主导。政府机构作为真正的主体，通过相关主管部门遴选

合适的企业、高校、科研院所作为合作伙伴来组建联盟，并由政府决定联盟的合作方式，引导联盟的发展方向，制定绩效评定准则并承担风险。企业、高校和科研院所是执行主体，隶属于各自的政府主管部门，并根据主管部门的指令和要求进行技术创新合作，各主体之间相互作用的程度较小。具体模式如图4-1所示。

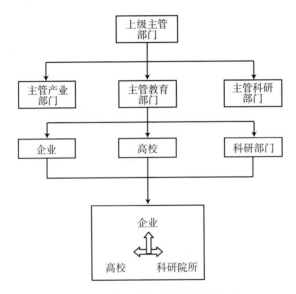

图 4-1　政府主导型联盟运行模式

（2）政策优势明显。政府可以通过制定必要的经济政策、产业政策，以鼓励、支持、规范和引导联盟发展，进行生产模式转换，加强产业间合作，通过重大科技专项为联盟提供必要的资金支持，利用信息资源优势为联盟提供决策咨询服务。另外，政府可以制定相关政策，以改善社会环境和科学文化条件，为联盟营造宽松自由的技术创新氛围。

（3）权责具体明确。由于政府的组织结构严谨，政府主导型联盟的组建原则和宗旨清楚明确，任务分工具体，责任与义务规范，组织管理体系比较稳定，能够鼓励、引导、规范联盟运行。然而，组织结构相对庞大，导致联盟内各层级之间的协调不灵活，信息传递效率相对较低，影响联盟战略调整的及时性。

（4）一般缔结在事关国家或地区经济发展的重大产业技术创新领域内。由于在重大产业领域内创新风险高、市场前景不明朗，企业、高校和科研院所等组织机构一般不会主动组织或积极参与这类联盟活动，因此通常由政府发挥其特有作用，积极组建联盟，从国民经济和社会发展的需要出发协调解决科技、经济发展中的重大关键性问题。

3. 政府主导型联盟案例——云南省区块链产业技术创新战略联盟

（1）基本概况。为了捕捉区块链发展机遇，培育经济新增长点，2020 年 3 月 15 日，由云南省人民政府主办的全国首个区块链中心——云南省区块链中心落地昆明市五华科技产业园。阿里巴巴科技（北京）有限公司、杭州趣链科技有限公司、中思博安科技（北京）有限公司、圣加南生物科技有限公司等 24 家顶级区块链企业作为首批企业入驻中心，并引入 38 家国内外企业同步成立云南省区块链产业技术创新战略联盟。该联盟旨在按照"以应用换市场、以市场换产业"的思路，以区块链技术应用为突破口，强化政策引领，加大招商引资力度，引进国内外优秀企业落地云南，聚焦场景应用，深入推进区块链与各行业领域的深度融合，把云南打造成区块链技术应用试验场、产业发展聚集区。

（2）运行特征分析。联盟自 2020 年成立以来，云南省人民政府作为该联盟的主导机构，将区块链视为核心技术自主创新的重要突破口，在较短时间内和联盟成员的积极配合下，在区块链应用发展道路上阔步前行，取得多项成果。例如，不仅开出全国第一张区块链电子冠名发票，还创建了国内首个省级区块链平台——云南省区块链平台，该平台是全省统一的区块链服务平台，旨在通过打造包括"十大名品"溯源系统在内的诸多项行业应用场景，助力数字云南整体升级，并推出全国首个省级层面的区块链溯源商品码——"孔雀码"，利用区块链可追溯、不可篡改的特性，将流通各环节信息上链，"一品一码"真正实现防伪溯源。

联盟以政府为主导，政策优势明显。为明确云南省区块链技术创新的方向，政府发布了《云南省区块链技术应用和产业发展的意见》，明确了指导思想和基本原则，提供了保障联盟稳定运行的政策措施。为完善组织机制，政府成立"数字云南"领导小组，全面指导、组织和协调省直有关部门和各州（市）人民政府推进区块链产业发展。为强化政策指导，省科技厅等单位引导各类市场主体使用云南省区块链平台和"孔雀码"，聘请区块链企业高管、业内专家学者，共同培养区块链领域专业人才，支持区块链研发成果在云南省落地转化。为构建产业生态，省发展改革委和科技厅带头打造产业聚集和技术创新的应用试验区，建立"政产学研用"协同的省级创新平台。为提升安全保障，云南省委网信办和公安厅积极探索建立适应区块链技术机制的安全保障体系，加强对区块链安全风险的研究。

联盟各组织成员与政府之间通力协作，共同建设"数字云南"。首先，助力打造云南省的世界一流"三张牌"，即绿色能源、绿色食品和健康生活目的地（包括智慧旅游和健康医疗），促进各类能源信息的数字化记录、溯源和确权，面向南亚东南亚建设区域性国际电力交易中心，逐步建立质量安全可追溯体系，同时依托"一部手机游云南"平台，实现旅游消费过程留痕可溯，探索建设基于区块链技术的电子病历建立可信可控差异化身份管理机制，建立健全医药品、医用耗材、医疗服务追踪回溯管理体系。其次，建设高校数字政府。改善政务服务、公共资源交易服务、社会信用等多方面的现状。例如，依托"一部手机办事通"实现"办事不求人、审批不见面、最多跑一次"，完善"事前承诺、事中监督、事后惩戒"监管体系。最后，提供优质公共服务。例如，结合"一部手机办低保"建设，鼓励在授权、确认、签名、家庭经济状况核对等环节融入区块链认证技术，准确认定和核查城乡低保对象，实现办理过程透明可追溯，低保用户精准定位。

另外，云南区块链联盟激发了产业创新活力。例如，云南省依托"一部手机云品荟"电商平台，应用区块链技术面向产品进行全生命周期数据记录，实现云南省特色农产品生产、流通、支付等全流程信息的可靠、可信、可查，探索发展精准营销。

（二）企业主导型联盟

1. 企业主导型联盟概念

企业主导型联盟是在相关技术转化为经济利益的过程中，以较强实力的一家或几家企业为主导成立的联盟。为适应市场发展需求，进一步提升自身的市场竞争力，企业主动联合高校、科研院所、中介机构和其他企业等组建联盟，并在其组织和引领下共同进行技术创新活动。企业主导型联盟的实质是企业为提升自身的技术能力和经济效益，主动寻求高校、科研院所、政府、中介机构等的技术支持、政策扶持和信息服务等，促进与企业经济效益相关的产品技术和应用技术开发。

2. 企业主导型联盟运行模式特征

（1）以核心企业为主导。企业从技术创新需求出发，在评估自身优、劣势的基础上邀请相关高校、科研院所、金融机构、中介机构和其他企业等组建联盟，并由该企业作为联盟的核心部门，主导新产品的开发与营销等全过程，即主导企业同时作为产业技术的创造者和创新者，既是研发主体，又是生产主体。科研院所、高校以及其他机构作为参与者，提供辅助的技术支持和协调工作，联盟内各成员以契约形式相互合作，共同促进联盟的运行。具体模式如图4-2所示。

（2）市场优势明显。企业主导型联盟以促进产业发展为目的，其创新成果能否成功最终取决于能否被市场接受。联盟内主导企业通常对市场非常熟悉，能够准确捕捉市场潜在需求，主导企业通过与联盟内其他成员的合作，充分发挥优势互补、资源共享的协同效应，形成独特的联合科技创新体系，有利于加强产业发展规划，推动产业结构优化升级，提升产业的核心竞争力，促进产业快速健康发展。

（3）利于规避风险。联盟以市场为导向、以高校及科研院所为技术支撑、相关金融、中介机构为协助，运行模式更加灵活，能够根据市场反应及时调整技术创新计划，规避市场风险。同时，企业通过利用自身的专业优势和产业化实现者角色，与联盟内其他主体进行沟通与协作，使整个联盟实现技术创新突破，实现创新的连续性和系列性，大大缩短技术创新的周期，加快技术成果转化，有利于风险规避，实现联盟效益最大化。

（4）一般缔结在需要将相关技术转化为经济利益的产业中。企业是实现技术商业化的主体，知识的应用、技术的产业化等最终通过企业来实现。由于联盟内主导企业对市场较为熟悉，通常拥有较大的市场占有率，因此该主导企业联合高校、科研院所和其他机构等结成联盟，引导联盟内部知识的合理流动，较快开发适合市场的产品，从而获取经济利益。

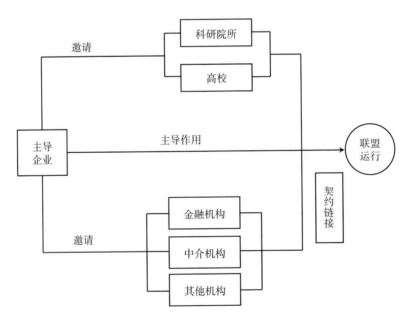

图4-2　企业主导型联盟运行模式

3. 企业主导型联盟案例——云南咖啡产业技术创新战略联盟

（1）基本概况。云南省是全国两大咖啡产区之一，已有100多年的发展历史，是云南省独具特色的优势高原农产品之一，也是云南省第二大出口创汇农产品。2012年7月，云南省农科院热带亚热带经济作物研究所牵头，邀请了13家咖啡种植研究机构，共同组建云南咖啡产业技术创新战略联盟，其中企业8家、大学3所、科研院所2家。联盟旨在整合云南省咖啡产业技术创新资源，引导创新要素向优势企业集聚，促进技术集成创新，实现创新成果的快速产业化，推动产业结构优化升级，提升全省咖啡产业核心竞争力，全面推动云南乃至全国的咖啡产业持续发展。

（2）运行特征分析。联盟成立以来，普洱漫崖咖啡实业有限公司作为该联盟的主导企业，在充分了解国际和国内咖啡产业市场行情及未来发展趋势的情况下，积极寻求创新，在联盟成员的配合下进行多项技术及产品创新，有效整合了企业、高校、科研院所、中介机构等各方技术、人才、资金和市场资源，取得了显著成效。例如，联盟在全省首次构建起系统的生态咖啡栽培技术体系、盟员建成了国内首条自主设计研发的速溶咖啡生产线。由于该联盟以企业为主导，更加接近市场，能够更清楚地了解市场行情及咖啡产业在发展过程中面临的问题，因此，该联盟投入了大量资金对当下严重影响咖啡产量的病虫害问题进行深入研究，并成立专门的实验室，系统开展小粒咖啡病虫害高效安全防治技术研究工作。

联盟以企业为主导，资金优势明显。联盟为了解决咖啡脱皮脱胶技术，不惜投入大量科研经费用以技术攻关。最终，宁洱富民机械厂在科研机构帮助下实现了咖啡脱皮脱胶工艺和机械的国产化零突破，首次将脱皮脱胶技术应用到咖啡初加工过程中，免去了传统湿法加工发酵的过程，大大提高了咖啡的质量，改善了原来初加工过程中因发酵问题引起的咖啡品质参差不齐的状况。

联盟发挥了成员间各自优势，促进了成果转化。普洱漫崖咖啡实业有限公司为高校和科研院所提供大量资金，以保障高校及科研机构的技术开发。高校与科研院所扮演智库角色，提供促进咖啡产业发展的核心技术等。同时，作为最靠近市场的企业，能够将最先进的科技成果投入市场，使其产生应有的市场价值。总之，联盟以企业为主导，以市场为导向，将产学研紧密结合在一起，充分发挥联盟成员各自的优势，形成合力，加快建立咖啡产业技术创新体系，加强产业发展规划，推动产业结构优化升级，提升云南省咖啡产业核心竞争力。

（三）科研院所主导型联盟

1. 科研院所主导型联盟概念

科研院所主导型联盟指在某些科技含量较高的产业领域内，以高校及科研院所为核心，利用学科优势、技术优势和人才优势等资源，在组织和调控下，联合企业、政府、中介机构等主体组建联盟，主导联盟的运行，实现新技术联合开发，促进技术的产品化和产业化。科研院所主导型联盟集科工贸为一体，产学研一体化程度较高。

2. 科研院所主导型联盟运行模式特征

（1）以科研院所（主要是高校和研究机构）为主导。高校或科研院所基于自身技术创新需求，邀请相关政府部门、企业、金融机构、中介机构和其他高校、科研院所组建联盟，围绕某技术创新项目展开合作研究，由该高校或科研院所为核心单位，确定联盟发展方向。该单位既是科技成果的创造者，又是科学技术转化为产品并形成产业化的实施者。政府、企业和其他机构作为参与者提供辅助性支持，以契约形式联系在一起，不承担主要风险。具体模式如图 4-3 所示。

（2）科研优势明显。高校和科研院所拥有丰富的知识和技术资源，通过与其他主体合作，能够加快这些知识技术的应用。因而科研院所主导型联盟能够最大限度整合产业科技力量，实现资源共享，联合开展技术研发、关键技术攻关，为联盟提供源源不断的创新动力，加快技术成果转化、优化产品结构、推动产业升级、提升产业竞争力和市场占有率。

（3）依托外部援助。科研院所主导型联盟以技术提升为主要发展方向，但是仍需要以政府政策为依托，在政策条件的支持下进行技术创新、产品研发。同时，高校、科研院所科研技术水平较高，但是科研资金相对缺乏，需要依靠联盟内相关企业和中介机构给予一定的资金援助。

（4）一般缔结在资源型、技术型产业范围内。高校、科研院所的特点是人才集聚、技术先进，能够为产业提供强大的人才和技术支撑，因而资源型和高科技行业通常以科研院所为主导单位组建联盟。该模式的优势在于充分发挥自身人力和科技资源等优势，满足科技创新与技术创新需求。

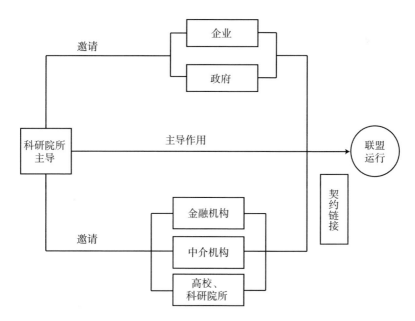

图4-3 科研院所主导型联盟运行模式

3. 科研院所主导型联盟案例——民族药产业技术创新战略联盟

（1）基本概况。云南医药产业的发展可以追溯到20世纪五六十年代，现今在医药产业受到广泛关注。2011 年 11 月，由云南省药物研究所牵头，与其他 14 家机构共同成立了民族药产业技术创新战略联盟，其中企业 3 家、大学 2 所、科研院所 5 家和其他 4 个联盟成员，2015 年 1 月新纳入 6 家企业。联盟旨在最大程度地整合民族药产业科技力量，实现资源共享，联合开展民族药产业创新技术研发，加快成果转化，提升云南省民族药产业竞争力和市场占有率。

（2）运行特征分析。联盟自成立以来，云南省药物研究所作为该联盟的主导单位，对国内民族药技术发展和云南省民族药技术现状进行了对比研究，并在政府关于生物医药产业的相关政策、民族药产业发展指导意见等的指导下联合企业和其他中介机构，利用云南的医药资源优势，围绕优化民族药产业技术创新链、民族药技术创新研发、关键技术攻关等进行了大量的技术创新活动，取得了一定成效，开发了具有显著疗效的地方传统名药新剂型、民族药新品种，如以彝药、傣药和藏药为重点的名药名方等。

联盟以高校、科研院所为主导，科研资源丰富。联盟的主导单位云南省药物研究所是国家级企业技术中心、西南民族药新产品开发国家地方联合工程研究中心，有强大的人才储备和技术研发力量。联盟以药物研究所为支撑，最大限度整合了云南省民族药材种植、产品研发、产业化发展等各方面科技力量，实现了多种药物系列的创新。例如，联盟研发的云南白药系列、三七系列、灯盏花系列和以疫苗为代表的生物制品系列，成为支撑云南生物产业跨越发展的药物品种。联盟形成了系统完整的新药研发链，大幅提升云南民族药产业链整体的创新能力和竞争水平。

联盟创新产学研机制，突破技术瓶颈。云南省药物研究所为政府、企业和其他机构提供技术指导，政府、企业和其他机构作为参与者，为研究所提供辅助性支持。云南省药物研究所提供最主要的技术，在政府和其他企业的协助下运用市场机制聚集创新资源，将科技成果转化为市场产品，实现提高云南省民族药市场竞争力的目标。总之，联盟以高校、科研院所为主导，以技术创新需求为导向，以多样化、多层次的自主研发和开放合作相结合，形成产业核心竞争力，实现企业、高校和科研院所在战略层面的有效联合，共同致力于突破产业发展瓶颈，提升云南省民族药产业整体水平。

（四）中介机构主导型联盟

1. 中介机构主导型联盟概念

中介机构主导型联盟运行模式指拥有较强实力和较大影响力的一家或几家中介机构，为进一步开拓经营领域、提升自身竞争力，主动联合政府、高校、科研院所和其他机构等，在其组织和协调下进行技术创新及相关活动。中介机构主导型联盟能够实现联盟内外部之间的有效能量转换，进行技术创新要素的优化组合，降低交易成本和风险，最终实现协同创新。

2. 中介机构主导型联盟运行模式特征

（1）以中介机构为主导。联盟内中介机构常常具有较强的经济实力和社会影响力，不直接参与技术研发过程，不作为技术研发主体，但作为技术创新活动的主要组织者和辅助者，提供一系列管理、运营方面的监督与协调作用，为联盟内其他主体提供社会化服务，对推动联盟的形成及运行起着重要的作用。具体如图4-4所示。

（2）社会化优势显著。依托中介机构社会化的特点，中介主导型联盟通过组织和协调联盟内技术创新行动的相关主体、加强彼此间的联系和沟通、有效协调各方利益，并促进联盟内成员和外界行为主体之间的功能转换，从而比其他联盟更具有社会化运行能力，有利于加快产业整体水平上升，促进产业技术进步，提升技术创新水平。

（3）抗风险能力较弱。在现有云南省产业技术创新战略联盟中，大多依靠企业（特别是国有企业）和高校、科研院所运作，真正能发挥市场作用的中介机构主导型联盟没有得到重视。现有中介机构主导型联盟抗市场风险能力较弱，技术创新成果转化能力较弱，对市场的适应能力还需进一步加强，这也是未来该联盟运行模式和管理机制构建方面要着力强化的。

（4）一般缔结在行业差距较大，需要中介机构加以协调的领域内。产业存在多样性，不同产业也会因为特定技术创新目标需要进行合作，因此需要适当的中介机构主导此类合作。这类中介机构主要包括律师事务所、会计师事务所、资产评估事务所、行业协会、咨询公司、创业中心、科技企业解化器、科技信息服务机构、知识产权服务机构等。

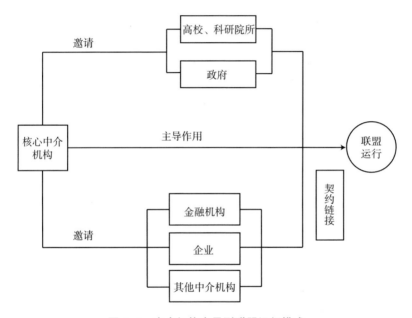

图 4-4　中介机构主导型联盟运行模式

3. 中介机构主导型联盟案例——云南普洱茶产业技术创新战略联盟

（1）基本概况。茶产业是云南省传统的优势特色产业，也是云南省扶贫攻坚的重要民生产业之一。2013 年 6 月 29 日，由普洱茶研究院牵头，联合科研院所和各地州茶企业等，成立云南普洱茶产业技术创新战略联盟，其中联盟成员单位有 31 家、企业成员单位有 20 家。各联盟成员单位分工明确、配合紧密，从茶树种质资源保护、茶叶种苗繁育、茶园病虫害防治、茶园复合种植、茶叶数字化加工、茶深加工产品开发等方面，大大提升和完善联盟整体的服务能力、技术水平和创新能力，加速推动云南茶产业创新成果的转化与推广，带动云南茶产业整体转型升级，对云南省茶产业快速健康可持续发展起到引领示范作用。

（2）运行特征分析。联盟自成立以来，引导联盟成员资源共享，发挥资源效率，促进产业链完善和配套，并对云南大叶种茶树育种、种植及加工的关键技术领域进行整合研究，制定了拟实施的项目和任务目标，取得了一定的成绩。例如，联盟组织申报了云南省科技厅重大专项——"普洱茶产业升级增效关键技术研究及应用"，该项目涵盖了整个茶产业链，包括茶树种植、生产、加工、茶叶深加工、茶叶机械等。该项目被列入云南省科技厅2017年度重大科技项目计划。项目的实施为我国茶产业升级发展提供了一批急需的新种质、新品种、新技术、新装备、新模式、新标准和新产品，增强了我国茶产业的核心技术竞争力，支撑了产业发展，实现茶农增收、产业增效，提升了我国茶产业的国际竞争力。

联盟以中介机构为主导，建立了国家茶产业工程技术中心联合研究室，联盟成员之间在科技研究、成果转化、资源共享、人才培养等方面建立长期合作关系，开展茶产业发展的共性关键技术研究，建立茶产业国际交流平台、共建茶产业创新和关键技术重点实验室。联盟高校成员单位——云南农业大学，于2011年建成云南省茶深加工工程技术研究中心，中心下属的"普洱茶学"实验室被列入2011年省部共建教育部重点实验室。联盟企业成员单位云南天士力帝泊洱生物茶集团有限公司，于2012年10月通过云南省企业技术中心认定，并与中国农业科学院茶叶研究所合作，在茶科所建立的科技部支撑的"国家茶产业工程技术中心"基础上，于2015年5月在帝泊洱成立普洱茶分中心。

联盟以普洱茶研究院为桥梁，在高校与企业搭建了合作平台，在茶基因组、茶发酵微生物、茶功效、茶工艺设备、茶新产品开发等领域进行技术攻关和产业化转化，为普洱茶产业发展提供技术支撑，并将继续推进茶产业科技创新平台建设，优化资源，构建国家普洱茶产业重大创新基地，贯通科学研究、工程研发、产业化屏障，系统地、持续地支持技术成果产业化，重大技术产品产学研联合开发。

三、本章小结

本章首先从组成要素、组织形态、运行机制和主要任务四个方面深层次挖掘了联盟的内涵，分别对联盟具有的契约性质、任务多重和主体多样三个特征进行了分析。其次在现有联盟分类方式基础上，根据云南省联盟的自身特点和主导方的不同，分为政府主导型联盟、企业主导型联盟、科研院所主导型联盟和中介机构主导型联盟四类。最后通过案例解析云南省不同类型的联盟应如何根据自身的特征和需求，有效利用主导方的资源来提升联盟的优势，促进联盟成员单位间的协作能力，使整个联盟在行业内形成了具有针对性的竞争优势，从而推动整个行业的发展。

第五章　基于共生理论的产业技术创新战略联盟稳定性分析

在日益激烈的市场竞争中，传统生产要素已无法为企业带来持续的竞争优势。在全球经济一体化的情境下，越来越多企业选择联盟来加强与外界的技术创新交流，以便及时获取异质性的外部资源。然而，诸多联盟在实际运行过程中失败率高、联盟都存在稳定性不高的问题。根据美国麦肯锡咨询公司的一份调查结果显示，美国的800多家技术战略联盟中，稳定发展4年以上的联盟占40%，仅有14%的联盟合作能够长达10年之久。同样，在中国战略联盟运行过程中，诸多企业面临巨大的风险，可能付出高昂代价。研究表明，中国联盟在实施过程中有60%以上是失败的，联盟不稳定率高达30%~50%。由于联盟在运行过程中对知识资源、信息资源的传递不对称，利益分配不均等问题，诸多联盟在成立不久就会瓦解，成为"僵尸联盟"。综上所述，稳定性成为联盟运行的核心问题，如何构建稳定的联盟，促进联盟成员间内外资源的整合和传递，是目前乃至未来需要解决的重要问题。基于此，本章以生物共生理论中的种群共生模式为视角，结合社会网络理论、资源基础理论以及知识管理理论，关注联盟共生中共生单元的能量传递和利益分配，分析及构建不同模式下联盟的稳定性模式，结合管理协同理念，提出促进联盟稳定性的共生模式。

一、产业技术创新战略联盟稳定性的
内涵及影响因素分析

（一）产业技术创新战略联盟稳定性的内涵分析

联盟作为一种组织间全新的合作模式，被认为是企业在运营发展过程中经济且高效的渠道之一。但是，联盟在运行过程中难以维持长期稳定，管理者一直在寻找与探索维持联盟长期稳定的策略与运行机制。在理论界，学者针对该问题关注联盟不稳定性研究。从整体来说，联盟不稳定性是一种状态，与联盟的内生特性有关。例如，联盟会遭受多个决策中心的共同干预，各参与对象之间有时出现相互妥协，有时又面临多方利益冲突；联盟在运行过程中还经常涉及自发或被动的谈判。另外，因为对联盟成员缺乏强有力的控制手段，联盟伙伴之间背叛合作承诺的情况时有发生。一旦联盟的战略重心、治理结构或者所有权结构在一定程度上发生改变，联盟往往需要重新拟定或调整运行合作协议。联盟之间多方的合作关系以及合作内容会发生改变，导致成员间的相互不信任、信息共享渠道不畅、联盟增加控制成本、技术创新效率随之下降等问题，最终导致联盟运行不稳定。近年来，越来越多的学者开始关注联盟稳定性问题，其运行是一个动态的发展过程，要维持其稳定必须要求联盟的参与主体实现战略目标的共享，达到优势资源互补，在相互信任的基础上实现风险共担，构建和谐高效的伙伴合作机制。也就是说，基于联盟的创新研发合作，联盟中的各参与主体都能因加入联盟而获得大于各自独立经营的收益，在协调管理机制下确保联盟稳定运行和良好发展。综合而言，如果成员对于联盟的目标达成一致，愿意在合作过程中公平进行收益共享，稳步提升各参与主体的绩效水平，那么联盟的运行就是稳定的。

（二）产业技术创新战略联盟稳定性的影响因素分析

已有学者针对影响联盟稳定运行的影响因素进行了研究。例如，联盟间伙伴的性质和内部环境等先天性因素，联盟伙伴的利益分配、联盟管理成本、伙伴信任、道德风险、伙伴间关系的动态变化、外部环境因素等后天性因素。通过对以往文献的总结以及实地调研，联盟稳定性主要受到以下因素影响：①联盟成员之间的信任、冲突和依赖程度（毛伟琴，2015）；②联盟成员资源禀赋差异和资源优化度以及系统与外界的密切关系度；③联盟成员相互之间长期博弈和共生单位的相对独立性；④联盟成员前期投入、背叛成本和内部利益分配机制（方城幸，2020）；⑤影响联盟运行资产的相关因素，包括资本的专用属性、市场交易价格以及市场和联盟内部之间的交易效率（余维新和熊文明，2020）；⑥高管的商业友谊、政府的引导、联盟成员的匹配程度；⑦合作主体的知识学习能力；⑧联盟后期的运营能力与监管措施等。

在创新驱动发展战略的引领下，云南省非常重视联盟的发展，致力于将联盟的高效运行赋能于区域和地方的科技创新产出。近年来，云南省的联盟在数量上发展迅速，但在发展规模和质量上参差不齐，呈现无序化扩张。在实际运行过程中，联盟的各参与主体被要求在前期进行较大投入，在运行过程中承担额外风险，导致联盟整体运行效率低下，多数联盟的发展都不稳定。究其缘由，产业技术创新战略联盟的成立大部分基于传统的产学研模式，起步较晚，并没有形成完整、系统、高效的稳性运行模式。另外，学者逐步将共生理论运用到管理领域，对系统内不同主体之间的相互作用进行清晰梳理，分析系统内主体与环境的动态联系。综上所述，产业技术创新战略联盟在本质上是一个共生系统，根据共生理论中的种群共生模式，选取联盟的参与主体作为研究对象，构建不同的联盟合作共生模型，分析不同影响因素的作用机理以及不同运行模式下的稳定性条件，以期促进联盟持续的能量传递和均衡的利益分配，依托管理协同，使联盟在最优的对称性互惠共生模式下稳健运行。

二、产业技术创新战略联盟稳定性的理论基础

（一）共生理论的定义

"共生"一词最早由德国生物学家 Antonde Bary 提出，属于生物学范畴。共生现象普遍存在于自然界中，指在既定的外部环境中，各共生单元之间按照某种特定的共生模式形成所谓的互利共生关系。通常来说，一个共生系统有三个基本要素，即共生单元、共生（组织、行为）模式以及共生（内部、外部）环境（见图5-1）。具体来说，共生单元指构成共生系统的主体，也可以代表共生主体之间两两作用发生共生关系的基本能量生产和能量交换单位。另外，共生模式描述共生单元之间的关系，也就是描述共生单元之间是如何进行相互作用和能量交换的。共生环境代表在共生系统中除共生要素之外的所有其他因素，它是共生系统得以维持并发生动态变化的条件。上述三个要素借助共生界面这一媒介发生能量和信息的传递，是共生系统存在并且能够稳定维持的基础。随着共生理论的不断发展与演化，已逐步被应用于工业、医学与经济管理领域。1998年，我国学者袁纯清在《共生理论：兼论小型经济》一书中，首次将共生理论与企业经济研究相结合，建立共生理论分析框架，大大推动了共生理论在经济管理问题上发展的研究。

共生理论可用于研究种群单元之间信息传递和资源共享的过程，描述其间内在制衡模式以及相融共生的运行机理（史宪睿等，2014），这奠定了将共生理论应用于研究联盟稳定运行机制的基础，其可操作性强且有一定的适

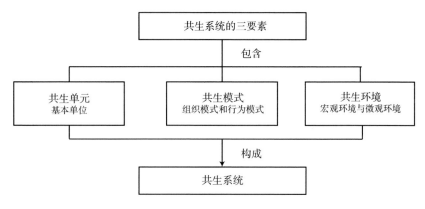

图 5-1　共生系统的三要素

用性。建立联盟的首要目的是能够保证联盟内部的相关企业、高校、科研机构和其他提供科技服务的中介机构通力合作，促进整个联盟有序、和谐、可持续发展（李书学，2013）。本书将联盟运行视作一个动态的共生系统（简称联盟共生系统），将联盟的核心参与主体（企业、高校、科研院所和其他提供科技服务的机构）视作联盟共生系统的主要共生单元。共生系统的共生模式解释了联盟的组织模式和各成员之间的关系，例如，研发联盟、技术创新联盟、商业联盟等。在联盟共生系统中，研究院、产业科技园等是共生单元之间进行知识分享、信息传递、资源传递的媒介，即联盟共生系统的共生界面。将共生理论应用于联盟稳定性的研究，主要考虑到以下因素：

（1）专业化效应。联盟共生系统中的共生单元具有较大的异质性，在联盟中通常承担不同的分工。在联盟内部，可以通过创新和资源整合来细化每个共生单元的工作重心，促进参与主体在专业化人才方面进行交流。另外，联盟共生系统通过共生界面的媒介作用促进外部资源的吸收，激发联盟现存人力资本的创新动力，使参与联盟的相关企业在整个价值链环节中有所创新与突破。

（2）节约交易成本。处于联盟共生系统中的共生单元具有互惠互生的特征，这在一定程度上节约了联盟生产系统中无形和有形的交易成本。

（3）提升对外综合竞争力。如果将联盟共生系统内部视作一个整体，能够充分体现各共生单元"1+1>2"特征，那么这不仅能够保证内部资源的有效使用和分配，还能更快速地整合和吸收外部资源，促进企业接受新市场信息和研发培育新技术。

（4）社会资本积累。共生系统是不同企业、高校、研究院所、其他机构等有机组成的综合体，不同性质的共生单元持续接触和磨合，使整个共生系统更为信任和融洽，能够显著促进社会资本的积累。

综上所述，共生理论适用于联盟稳定性的研究，结合相关理论分析，通过构建不同组织和运行模式的联盟共生系统，能够为云南省联盟的运行提供有价值的启示。依托共生系统的社会网络体系，联盟中各共生单元的能量传递就是联盟主体之间进行知识传递和创新资源共享。此外，联盟主体之间的利益分配与成员间的管理协同密切相关。基于此，本节结合社会网络理论、资源基础理论、知识管理理论，关注不同模式的共生系统对联盟稳定性的影响，提出理想的联盟共生系统，构建基于管理协同的产业技术创新战略联盟稳定运行机制。

（二）产业技术创新战略联盟的共生网络

联盟能够促进现存知识重组，促进创新绩效提升。企业创新能力取决于其处理多样化信息的能力，这是企业创新的源泉，联盟为成员进行资源搜寻提供了重要渠道，帮助其进行内部知识资源储备的更新和扩张，共生系统外部资源也能通过一定条件下的组织活动，跨越边界溢出，拓宽知识创造的广度。

从社会网络视角分析，联盟是获取信息和知识的关键渠道。联盟间伙伴获得外部知识资源的能力由联盟共生系统内的直接关系、间接关系以及作用范围共同决定。例如，由企业主导的联盟可以利用与其直接作用的伙伴成员的技术资源和知识，为企业创新和商业活动提供支持。另外，联盟成员可能参与多个联盟，该成员也可能与其联盟伙伴在另一联盟中建立间接关系，即联盟伙伴的伙伴。联盟间的间接关系是多样化的，这能够为联盟共生系统的参与主体增添一条关键且持续的外部知识溢出渠道。共生系统的组织网络为企业提供了可用于在知识密集型环境中获得竞争优势的资源，即联盟内部的知识资源和信息传递可以打破内部的组织框架限制（见图5-2）。综上而言，联盟内部的直接与间接联系能够帮助企业获得更高水平的知识资源，实现更高的创新绩效，如果联盟内部的任一成员都能凭借直接或者间接的合作共享获得更高的收益，联盟稳定性将会提高。

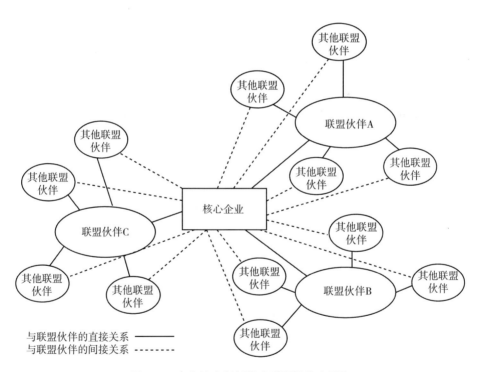

图5-2　产业技术创新战略联盟的共生网络

（三）产业技术创新战略联盟的共生能量

共生能量是整个共生系统运行质量有效提升的必要前提，体现共生系统生存能力和增值能力（Li 和 Nguyen，2017）。本书将联盟共生系统中的能量传递定义为各联盟主体之间创新性的技术资源和异质性知识的传递，只有联盟各主体之间通过基于创新资源的高效知识流动，才能保证联盟伙伴整体从联盟中获益，实现联盟共生系统的长期稳定。

基于 Barney 的资源基础观，如果核心企业的内部资源满足一定条件（有价值、稀缺、不可轻易地被模仿和替代），对这些资源的合理分配和使用就能促进企业建立可持续的竞争优势。在联盟生态系统中，联盟主体可以通过共生界面实现企业资源跨越组织间边界。也就是说，联盟共生系统为共生单元的信息获取和资源整合提供了一个重要的渠道，各共生单元能够通过联盟共生系统获得更高水平的外部知识资源。

为了使联盟的长期运行趋于稳定，要关注联盟共生系统中每个共生单元的资源禀赋差异和资源优化度，还要考虑盟员可以参与到多个联盟中，受到多重共生系统的相互作用。以共生能量传递的创新资源为例，能够被联盟成员利用的资源分为两类。一类资源（Scale-free Resource）类似公共物品，可不受限的应用到多个不同的场景中。另一类为能力受限资源（Capacity-constrained Resource），类似拥挤型公共产品，当这类资源应用于多个条件或多个联盟共生系统中，会产生资源拥堵现象（Tower 等，2021）。具体来说，当联盟成员在某一共生系统中通过媒介进行技能知识（Know-how）资源转移时，需要分配相应的人力资本资源与联盟伙伴进行持续的人际互动，而这样的人力资本资源是有限的，该过程存在机会成本，即会产生资源拥堵（Resource Congestion）。如果联盟成员能够正确识别并合理使用这些包含重要隐性知识的能力受限资源，有效缓解资源拥堵现象，那么其产生的效益将远远大于自身的贡献值，促进联盟共生单元达到多方共赢，使联盟稳健运行。相反，如果联盟中的共生单元在知识资源交换和传递的过程中，没有充分考虑上述资源分配的潜在影响因素（如联盟成员的可替代性和核心企业的生产力异质性），那么联盟成员的收益会有较大偏离。联盟成员因此而无法增加相对平均的收益，会降低联盟运行的稳定性。

除传递创新的技术资源以外，联盟的另一极其重要的使命是通过异质性知识转移与共享进行技术创新，获取成员内部所需的技术知识，进而用于提高自身的技术创新能力和竞争能力。为使联盟的运行效率和稳定性不断提高，必须持续发现知识、积累知识和共享知识，积极促进联盟主体基于技术资源和异质性知识的交流和共享。根据知识管理理论，联盟的知识共享和能量传递会受联盟中共生单元之间的知识获取能力、知识投入产出、知识转移效率和价值等共同影响（余维新和熊文明，2020）。从广义上来说，知识管理不仅涵盖显性知识的管理，还包括对与知识有关的各类资源和无形资产的管理，是一个持续的过程。首先，在一定的激励措施下，联盟共生单元的知识投入需要一定的战略互补性。如果联盟成员间的知识互补性强，那么在较强的吸收能力调节下，联盟各参与主体的知识传递能力和知识接受能力都会增强，能够促进联盟间的知识转移，进而保证联盟稳定发展。其次，联盟中的知识转移过程受知识可转移程度的影响。联盟共生系统的共生界面在一定程度上影响了知识的可转移程度，知识转移效率越高，联盟运行成本下降的幅度就越大，创新溢出效应和收益增量也就越大（Bamel 等，2021）。另外，除了实现技术创新，联盟成员期望通过加入联盟来提高自身的技术创新能力。所以，维持联盟的稳定是联盟各主体实现价值获取的必要前提。一旦共生单元在联盟中不能按照预想提高自身的技术创新能力，共生系统中的知识投入就会被抑制，会引致成员退出联盟。最后，联盟稳定性在一定程度上取决于联盟成员在合作技术创新过程中的知识获取能力，各参与成员在联盟共生系统中获取的外部资源越多，共生系统就越稳固。

三、产业技术创新战略联盟共生系统的基本要素分析

（一）产业技术创新战略联盟的共生单元

共生单元指形成共生系统中最基本的能量信息交换单元，联盟共生系统的核心参与成员由企业群体、高校群体、科研院所群体以及其他提供科技服务的中介机构群体组成。基于互惠互利的要求，各共生单元之间存在互补性和差异性，它们应该在保持自身利益最大化的基础上全力投入到知识资源共享和创新中，特别是分配最优的人力资本进行具有拥堵性特征的隐性知识资源分享，整合产业创新资源，联盟是一个联合开发的创新合作组织，在该组织内，各参与主体通过共享异质性资源、分摊运营风险等，高效提高联盟整体和联盟伙伴的技术创新能力。然而，联盟合作需要特别关注和避免个别共生单元的"搭便车"行为，因为这极易导致联盟在运行后期的不稳定。另外，需要注意各共生单元在共生系统中是动态变化的，受到共生模式和共生环境变化的影响。在联盟的稳定性研究中，需要考虑导致不同性质的共生单元不稳定的影响因素（宋艳红，2013）。

（二）产业技术创新战略联盟的共生模式构建

1. 产业技术创新战略联盟共生组织模式分析

从初创到最终走向成熟，联盟一般存在四种组织模式，基于共生单元之间相互作用的模式和规模，学者将其分别命名为点共生、间歇共生、连续共生和一体化共生。联盟从低级阶段逐步发展到成熟的高级阶段，共生单元之

间由点对点交易演化为连续交易（见图5-3）。整个共生过程随之逐步从随机、短期、偶发以及不稳定发展成为长期、连续并且趋于稳定。共生单元随着合作次数的增加和合作人员的磨合，能有效降低共生单元之间的信息不对称，使运营成本和执行风险得以下降。如果单一共生单元和联盟整体的收益都得以增加，共生单元间的信任感不断增强，那么联盟会更加趋于稳定。

2. 产业技术创新战略联盟共生行为模式分析

共生的行为模式描述了联盟共生系统中各共生单元如何相互作用，此外，共生系统内部的信息交流方式能够反映共生单元之间的能量传递强弱。在共生系统的发展阶段，按照信息资源流向和新的利益成果流向，行为模式可分为寄生模式、偏利共生模式、互惠共生模式（见图5-4）。另外，根据在互惠共生模式下的利益分配是否平衡，又可将行为模式划分为非对称性互惠共生，对称性互惠共生两种。值得注意的是，共生模式是动态变化的，下面将讨论每种运行模式的特点以及对于联盟稳定性的影响。

在低级阶段，寄生模式的能量是单向流动，不会产生新的利益成果，由内部寄主转移给寄生者。寄生是一种特殊状态，寄主的能量分配发生转移，但不会产生新的能量，当寄生者一直作为消费者时，寄生关系对寄主有害。在产业技术创新战略联盟中，寄生模式一般是知识弱势方寄附于知识优势方。由于共生单元的发展存在很大差异，寄主依靠自身的知识能力能够独立生存，在联盟中的知识通过共享推动内部知识资源单向流动，但这一过程没有产生新的知识或成果。寄生人员依靠寄主获取知识得以生存。长此以往，寄主因为知识收益下降而减少在联盟中分配资源与人力资本，随着寄主的消亡，寄生人员随之消亡。

在进化阶段，偏利共生模式下的共生能量双向或多向流动，但产生的新的利益成果是单向流动的，只会流向某一共生单元。也就是说，共生单元会有一方获利较多，而另一方不受影响或者获利较少。在偏利共生模式下，联盟共生系统可以通过创新合作激发新的知识和利益的产生。新的异质性知识

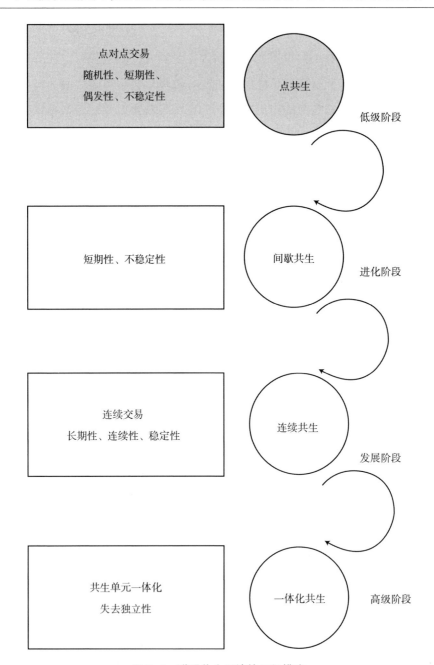

图5-3　联盟共生系统的组织模式

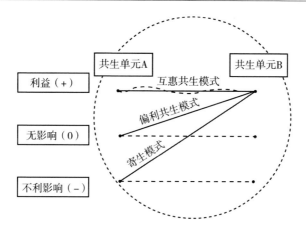

图5-4　共生行为的三种主要行为模式

的传递意味着具有核心技术或者专业科研人员的共生单元将共生能量传递给处于次级地位的共生单元，导致处于核心地位的共生单元收获的知识资源较少甚至几乎为零，知识产出远小于知识投入。对于具有异质性知识资源优势的核心共生单元来说，联盟的共生环境并没有给他们带来长期的预期收益，使他们逐渐失去合作的动力，从而危及联盟的稳定性。

在较高级阶段，互惠共生模式中的技术创新资源和异质性知识双向或多向流动，新产生的利益成果也是双向或多向流动的，但分配不均衡，这种模式在共生环境中最常见。因为前期共生单元的分工不平均，共生系统产生的新能量也被不平均分配。在产业技术创新战略联盟的非对称性互惠共生关系中，各共生单元拥有的优势资源双向或多向流动，多方在共享知识资源、人力资本、实体资产的同时，降低了知识共享成本。另外，因为每个参与联盟的共生单元的资源存在异质性，共同投入会促进一定的知识互补效应，必然激发新的知识成果。但是，新产生的利益在分配时是不平均的，可能造成某些共生单元的投入与产出不匹配。此类利益分配不均的结果即潜在引致联盟的不稳定，因为这会降低投入多而受益少的共生单元的合作意愿。

根据联盟运行中的能量信息传递和利益分配，我们认为最理想的运行模式是对称性互惠共生（谭建伟和梁淑静，2014）。对比上述三种运行模式，该模式能够实现共生单元的信息能量和新增利益在整个系统中循环流动，保证每个共生单元最终的新增利益是平均分配（见图5-5）。

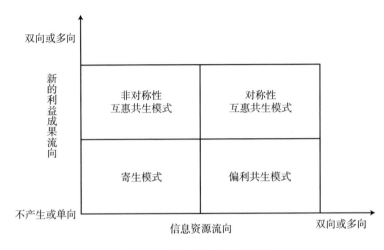

图 5-5　共生行为模式的特征

(三) 产业技术创新战略联盟的共生环境

共生环境描述了共生系统中除共生单元之外的其他因素如何影响联盟运行。具体来说，产业技术创新战略联盟中的共生环境是各共生单元主体之间开展科研合作和资源共享的综合环境（见表5-1）。

表 5-1　影响产业技术创新战略联盟的共生环境因素

共生要素	变量
共生单元因素	参与主体的风险控制能力
	参与主体的信誉
	参与主体的财务状况
	参与主体的技术水平

续表

共生要素	变量	
共生单元因素	参与主体的市场实力	
	参与主体的学习能力	
	参与主体的社会资源	
	联盟伙伴的其他联盟伙伴	
共生模式因素	文化差异程度	
	目标协同程度	
	信息与资源共享程度	
	沟通协调程度	
	技术互补程度	
	成员匹配程度	
共生环境因素	宏观环境	社会人文因素
		国内外经济环境因素
		科学技术环境因素
		政治法律环境因素
		地理环境因素
	微观环境	资源市场
		联盟伙伴
		消费者市场
		资金储备量
		品牌影响力
		……

联盟内的共生环境同样对共生系统的稳定性造成影响，这是多重外部因素共同作用的结果。每种外部影响因素都随时间推移动态变化且具有较高的复杂性，使共生环境的不确定性大大增加。在研究联盟环境时，一般分为宏观环境和微观环境。宏观环境需要考虑与参与主体相关的政治、经济、社会、法律等因素。宏观环境的变化对联盟的稳定性带来明显的动态影响，如云南省的太阳能联盟，受国际金融危机和欧盟"双反"调查的影响，国际市场急剧萎缩，使整个相关行业遭遇寒冬。此外，因现存的市场监管不力、法律机

制不健全等基础性、结构性的问题，联盟中的企业发展水平参差不齐，最终导致联盟名存实亡。共生系统的微观环境包括知识竞争、资源市场、消费者市场和知识市场等。例如，云南普洱茶产业技术创新战略联盟拥有优质原料的供应基础，消费者认可度高的产品品牌，以及联盟伙伴中龙头企业雄厚的资金储备。如果宏观环境能够对联盟运行产生正向影响，那么可以认定这些因素能够促进联盟长期稳定发展。另外，联盟共生环境的变化以及共生单元对于该变化的感知与应对都会对联盟伙伴关系的稳定性带来影响。由此可见，在共生单元间构建良好的内外部环境有助于促进联盟运行稳定。

四、共生理论下的产业技术创新战略联盟稳定性分析

随着共生理论研究的不断深入，相关学者采用在生物学中适用于描述不同种群共生现象的 Logistic 模型来研究联盟共生系统的稳定性（谭春辉等，2021）。该模型可以解释某一种群数量的增长规律。一般情况下，种群数量在初期快速增长，增长到一定阶段后达到在特定环境中的最大值，然后逐渐衰退，直至形成一个相对稳定的状态。联盟中的知识资源、技术水平、人力资本的变化受自身的限制，与 Logistic 模型有类似的变化趋势，对其进行改进后可构建多主体的合作共生模型（Shakeri 和 Radfar，2017）。在联盟主体之间各自遵守联盟契约、外部环境保持稳定的前提下，在一定时期内共生单元参与合作的资源是有限的，随着知识存量、技术等的消耗，联盟为参与主体提供的知识资源符合边际效用递减规律。基于上述假设，联盟处于稳定状态需要满足以下条件：①联盟共生系统中的共生单元存在并且能够持续地为联盟伙伴的彼此发展提供正向的促进作用；②在一定程度上，联盟共生单元之间能够获取彼此所需的异质性知识资源和信息，实现优势互补，进而提升自身的创新能力；③在共生单元的创新合作过程中，随着联盟硬件设施与制度

的不断完善，新增利益产出发生积极的变化，在较低成本下获得更丰富的知识资源和智力资本，将其用于技术研发和创新活动，促进新知识和信息的创造、扩散、整合与应用，以期达到联盟整体合作共赢（Jiang 等，2008）。本书构建与描述联盟的四种共生模式，并从能量传递和利益分配的角度分析其稳定性。

（一）产业技术创新战略联盟的寄生模式

如果联盟的运行处于寄生模式，那么各共生单元的实际利益产出的变化量是一致的。这是因为在寄生模式下，知识资源、信息和物质仅仅由某部分共生单元转移到另一部分共生单元，不存在新能量和利益的产出，属于寄主的共生单元具有资源优势，知识产出被其他共生单元吸收。然而，寄主在共生系统中没有新增利益，这极易引致内部合作冲突和投机行为。整体而言，共生系统蒙受损失，寄主降低了科研合作和知识共享的积极性，阻碍了联盟共生系统的健康发展，这样的共生模式是失败的，具有很强的不稳定性。图5-6构建了以核心企业为主导的联盟寄生共生模式，描述了知识资源流向与新产生利益的分配情况。

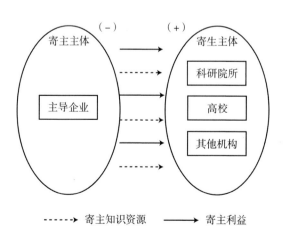

图5-6　以核心企业为主导的联盟寄生共生模式

寄生模式下的产业技术创新战略联盟有较高的不稳定性，会滋生共生单元的投机行为。由于在技术创新合作中不会有新的创新成果和利益产生，寄生共生关系下的知识资源和能量是单方向流动的，本质上只改变了共生系统中知识资源的分配（Jakobsen，2020）。在该模式下，寄主主体指技术知识资源的提供方，是资源的吸收者，寄主主体没有实现其吸收新知识资源的目标，自身的知识资源反而被其他参与主体所吸收。在这种情况下，作为理性经济人的寄主主体，不愿意再存在于这样的共生系统中，联盟主体间的合作关系未始即终。基于上述分析，在现实中处于寄生关系的联盟几乎不存在。

（二）产业技术创新战略联盟的偏利共生模式

在寄生模式向互惠共生模式发展的过程中，偏利共生模式被认为是一种中间过渡形式。偏利共生模式下的联盟共生系统，通过创新合作创造新的知识和利益。假设一个联盟是由企业主导，即共生单元 A，那么参与联盟的科研院所、高校和其他机构处于次要地位，作为共生主体 B。在联盟共生系统中，共生单元 A 向共生主体 B 提供知识资源和人力资本，共生主体 B 吸收和利用共生单元 A 提供的知识资源，能够显著提高自身知识产出和技术创新能力。然而，对于共生单元 A 来说，这样的合作没有促进其创新能力的提升，联盟中的主导企业没有获得新增利益。

在偏利共生环境中，共生单元间的研发合作产生的新的知识资源和创新成果，却被某一方全部获取。图 5-7 描述了联盟偏利共生模式（以核心企业为主导）。如果该系统是封闭的，那么在偏利共生模式下，共生系统只会对获得新增利益的共生单元产生正向影响，没有获得新增利益的共生单元不会受到负面影响。如果该共生系统是开放的，那么可以考虑添加对非获利方的特定补偿机制，在一定程度上增强联盟中技术创新合作的稳定性。总体来看，即便存在补偿机制，偏利共生模式也难以长期维持，该模式下的研发合作不稳定性依旧很高。

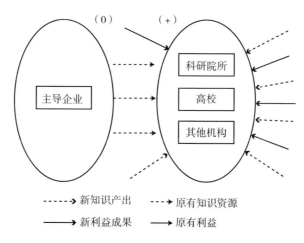

图 5-7　以核心企业为主导的联盟偏利共生模式

在现实中，个别处于偏利共生模式的联盟成员会受到短期利益的诱惑，不惜损害联盟的整体利益而破坏联盟的融洽关系。在这样的运行模式中，新增的利益流向是单向的，对于联盟的稳定性产生负向影响。例如，标致雪铁龙公司在向其联盟伙伴通用汽车提供零部件和模块时，面临两种战略选择：一是抬高价格单独获利；二是降价与联盟成员共享利益。最终，标致公司选择了个体利润最大化，忽略了联盟的运行整体效益。显而易见，如果联盟未能如期收效，趋于淡化，那么部分重要合作项目必然会面临被取消的风险，以上事实也证实了偏利共生模式的不稳定性。

（三）产业技术创新战略联盟的非对称性互惠共生模式

在产业技术创新战略联盟非对称性互惠共生关系中，假设共生单元 A（主导企业）在联盟共生系统中占主导地位，共生主体 B（包含科研院所、高校和其他机构）占次要地位。当共生单元 A 和共生主体 B 在联盟共生系统中进行技术创新合作，双方拥有的异质性知识资源会产生知识互补效应，不但可以促进联盟参与主体共享知识资源，还能有效降低共享成本。共生单元 A 的创新能力和知识存量得到提升，获得了由联盟产生的新增利益。

此外，由于共生单元 A 拥有显著的异质性知识、信息和物质资源，会吸引大量其他参与主体出现，依附于共生单元 A，形成另外的联盟或其他合作形式。因此，既定的联盟共生系统中的拥堵性知识资源被稀释甚至分配到其他合作关系中，使原本存在于联盟的共生主体 B 的新增创新能力和利益产出逐渐趋向于 0。当联盟共生系统的共生单元 A 和共生主体 B 逐渐形成相互依存的共生关系时，双方的知识资源存量不仅受自身资源的影响，也受共生关系中其他共生单元的影响。结合上述理论分析以及联盟的实际运作现状，可以断定在联盟的共生系统中，处于核心地位的参与主体（共生单元 A）的数量远远小于处于次级地位的参与主体的数量（共生主体 B），但这些核心共生单元对处于次级地位的共生单元的正向影响远大于次级参与主体带给核心共生单元的利益增量（朱永明和郭家欣，2020）。

相对于上述两种共生模式，非对称性互惠共生是共生的较高级阶段，参与研发合作的各共生单元都能利用联盟获得额外的利益。总体而言，各共生单元在加入联盟后从合作中获得的收益大于不参与联盟的收益，但是，这些利益成果并不能够平均分配，它们加入联盟的目标只能在一定程度上得到满足。另外，在非对称性互惠共生模式下，针对联盟成员的管理机制和沟通协调机制基本成熟，能够促进技术研发合作顺利进行，但因为联盟共生系统中的利益分配不均衡，联盟整体稳定性会受到一定程度的影响。如果没有加入联盟，各参与主体的创新成本和不确定风险都相对较高，在加入联盟后，各共生单元知识共享、风险共担、优势互补，有效降低了各共生单元的创新成本和不确定性风险，促进了联盟内的技术创新合作。在实际的产业技术创新战略联盟中，非对称互惠共生模式最为常见，影响也最为广泛。在该模式下，依托于多边交流的机制，存在多方的信息和能量交流。基于优势资源和异质性知识共享，联盟共生系统会产生新的利益，但这些利益增量在各共生单元中的分配不均衡。图 5-8 构建了联盟的非对称性互惠共生模式（以核心企业为主导），描述了知识资源的流向和新产生利益的分配。

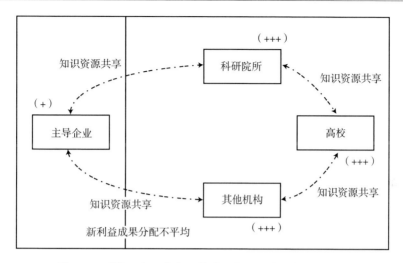

图 5-8 以核心企业为主导的联盟非对称性互惠共生模式

华为公司与摩托罗拉公司的跨国技术战略联盟，就是非对称性互惠共生运行模式最终导致联盟瓦解的例子。摩托罗拉公司与华为公司在 2006 年于各大社交媒体上高调宣布将结为以技术创新为导向的联盟，目的是共享双方涉及移动通信系统（UMTS）的技术优势以及不同区域的优质客户群体，以便更高效地迎合现在和未来发展的技术需求，实现互惠互利。然而，2010 年 7 月，摩托罗拉公司以 12 亿元的价格将其无线业务出售给诺西公司，并在完成收购后不久向法院诉讼，控告华为公司窃取了摩托罗拉重要的商业机密以及专利技术。虽然双方经过几轮交涉，就所有未决诉讼达成和解，但这标志着双方跨国联盟关系的破裂。如果将摩托罗拉公司和华为公司放进联盟共生系统中分析，该联盟最终瓦解的主要原因在于：①两个共生单元的资源互补性弱，随着联盟的运营发展，两个共生单元利益提升的边际价值每况愈下，且两者的合作方式较为松散；②在联盟成立初期，虽然两个共生单元之间存在知识与资源的双向流动，但因为华为公司疏于对知识产权的保护，使摩托罗拉公司逐渐掌握了其核心资源优势，在联盟运行后期存在机会行为倾向，为了维护自身利益而破坏了联盟的互惠互利的合作关系。

（四）产业技术创新战略联盟的对称性互惠共生模式

对称性互惠共生模式是联盟共生系统的最高级状态。处于这样的共生系统中的各共生单元都能因为联盟扩大的环境容量而受到积极的正向作用。之前的研究值得注意的是，在联盟的对称性互惠共生关系中，各共生单元相互作用的知识产量有限，彼此间存在着相互制约的关系。也就是说，只有双方处于实力对等状态时，才能保证合作的相对稳定。另外，这种共生关系的利益分配机制是对称并公平的，是最稳定的共生状态，也是联盟研发合作最理想的运行模式（Russo 和 Cesarani，2017）。图 5-9 构建了联盟对称性互惠共生模式（以核心企业为主导），描述了最理想的知识资源共享与新增利益的分配情况。

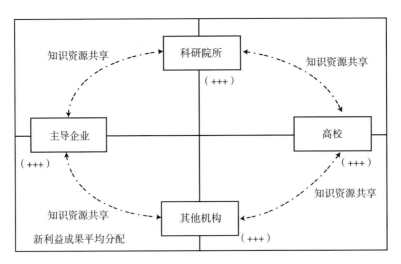

图 5-9 以核心企业为主导的联盟对称性互惠共生模式

在对称性互惠共生模型中，各共生单元相互作用的正向影响包含知识资源的交流与共享、创新能力的提升、创新风险的减少等，这些正向作用有助于联盟形成积极向上的知识共享氛围，促进各共生单元的合作交流。

在对称性互惠共生模式下，联盟的创新研发合作是共生的最优状态，这种运行模式具有高凝聚力，效率最高。在该模式下，新产生的利益是均匀分配的，分配具有对称性。对称性的利益分配会增强创新研发合作参与主体间的相互信任，减少投机行为，参与主体共享自身知识资源的意愿日益增长，从而得以创造更大的知识价值，单个共生单元的创新能力也会随之提高。另外，联盟各共生单元间知识贡献的沟通交流越多，创新研发合作的知识协同作用也就越大，有助于降低研发合作的不确定性和创新风险，稳定性最高。

综上所述，对称性互惠共生模式是联盟运行的最终愿景。在该运行模式下，各参与主体间的知识资源是多向流动的，各共生单元风险共担，利益均衡共享。此外，对称性互惠共生模式下的共生单元间具有最高的凝聚力和强烈的合作意愿，各共生单元积极参与联盟的技术创新合作，促进联盟运行的稳定性，从理论和经验上来说都是最理想的联盟运行模式。

五、产业技术创新战略联盟的共生系统

根据上述分析，将联盟视作一个以技术创新为导向的共生系统是必要且合理的。在该共生系统中，存在四个参与主体（企业、高校、科研院所以及其他机构）作为共生系统中的共生单元。依托各自的异质性资源优势，共生单元在内外部共生环境的共同作用下完成信息与能量的相互传递，不但能够促进共生单元之间的创新技术合作，而且产生新的利益。为了保证联盟持续产生新的能量与利益，增强各共生单元之间知识与资源共享的意愿，必须依托管理协同构建最优的联盟共生系统的组织模式与行为模式，促进联盟长期稳定运行。

联盟共生系统存在并且长期稳定运行的基础是各参与主体具备异质性优势资源，通过与其他共生单元的相互作用获得比单独运作更大的利益。首先，企业具有开发产品市场的优势，这要求企业必须持续获取领先的技术资源。相对而言，高校具备领先的创新知识，而科研院所对于应用研究能够实现精益求精。另外，其他机构可以帮助企业找到更契合的合作伙伴，为联盟共生单元提供准确、可靠的信息。在互惠互利的联盟共生系统中，科研院所帮助企业完成科研成果转化，企业的主要任务是完成科研经费的收益分配。高校向科研院所提供科技人员，科研院所为高校引进人才。其次，高校和企业基于产学研合作的互动，对于联盟的稳定至关重要。高校具备企业最需要的人才智库，能够持续为企业培养和输送高质量人才，而高校的科研发展和基础设施建设也需要企业资金支持。另外，高校的人才培养方向应该以企业实际需求为导向。最后，科技服务中介机构在联盟内部协调沟通，承担部分监督职责，完成高效的资源分配。联盟共生系统中的共生单元通力合作，有效降低了联盟内部的运营成本和创新风险，使联盟的联合运行效率高于单个主体的运行效率和效果，联盟因此得以长期稳定运行。图 5-10 描述了联盟共生系统中各共生单元的相互影响和作用关系。

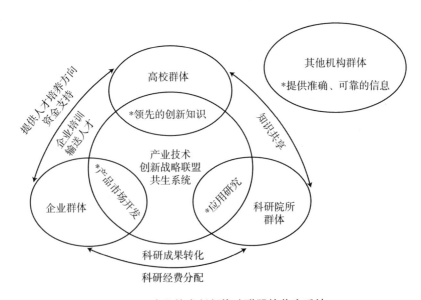

图 5-10 产业技术创新战略联盟的共生系统

产业技术创新战略联盟最理想的组织模式应该介于连续共生和一体化共生之间。交易的连续性确保了共生系统中的创新合作能够传递准确和高效的信息，建立健全补偿机制与惩罚机制，有效确保联盟的稳定。然而，如果联盟的共生单元失去其独立性，那么它的异质性资源优势也会随之减弱，容易造成产品同质化问题，使竞争集中于附加值不高的产品和服务商，严重制约联盟中共生单元的利润率与上升空间。此外，这些因素有可能引致滥价竞争，利益分配不均等问题，提高个体机会主义施行的概率，最终影响联盟稳定。总结而言，最理想的联盟共生组织模式具有以下三个特点：①联盟主体之间以共享技术创新资源为导向而形成互惠的合作关系；②联盟可以通过共享上述共性的创新技术资源和研发成果来促进整个产业技术链的创新；③联盟共生系统逐步由技术知识资源的不均衡和技术能力不匹配向协同对等的关系转变，使各共生单元以及联盟整体的增长目标都得以实现，联盟运行逐步趋于稳定。

最理想的联盟运行模式是对称性互惠共生，这一模式的实现要依托管理协同。首先，联盟共生主体之间需要实现目标协同（宋艳红，2013），即通过联盟中创新资源和异质性知识的共享，使联盟中各共生单元的创新绩效均优于其单一运作时的表现；其次，联盟共生系统中能量的相互传递需要依托资源协同与知识协同（李煜华等，2014），保证为每一个共生单元提供同等的进化机会和成本，这是保证联盟长期稳定发展的必要条件。此外，如果联盟是对称性互惠共生的关系，那么每个共生单元的创新资源和异质性知识在系统中是多向流动的，这就要求共生单元之间相互协调，强调关系协同对于实现对称性互惠共生模式的重要性。只有共生单元间始终保持动态的持续交流，才能帮助新的知识资源和信息得到均匀分配。也就是说，各共生单元之间需要具备较高的协调沟通能力、冲突管理能力。联盟管理者在协同管理机制设计时需充分考虑每一个共生单元最优的利益分配，达到参与主体间的利益共享、风险共担且均衡分配的理想状态。对称性互惠共生能够促进联盟高效、长期稳定运行。参与联盟的共生单元会积极持续地共享知识资源，不断进化自身的学习能力，联盟之间合作意愿强烈，共同维护联盟持续稳定运行。

六、本章小结

本章通过分析联盟稳定性的内涵以及影响因素，结合国内外相关研究，以共生理论视角分析联盟稳定性。通过分析联盟共生系统的三个基本要素，描述联盟共生系统中的相互作用方式以及知识资源的传递行为（共生组织模式以及共生行为模式），分别构建了以企业为主导的寄生模式、偏利共生模式、非对称性互惠模式以及对称性互惠模式的联盟共生系统，关注各参与主体之间的信息资源流向，以及联盟的利益分配。结果表明，在实际情境下，最优的组织模式应该处于连续共生与一体化共生的过渡阶段，这能保持共生单元相对独立的同时，实现最大化的稳定。对于联盟的运行模式来说，联盟运行最优的状态是对称性互惠共生，在此模式下，共生单元的知识资源共享环节互通且流畅，利益分配均衡。管理者在运行机制构建中需要根据联盟所处的发展阶段，随时调整优化的知识共享、信息交流以及利益分配过程，保持联盟共生系统的弹性，促进联盟成果的转化与推广。上述过程必须依托管理协同，第七章将基于管理协同对联盟稳定性的影响进行深入分析。

第六章 产业技术创新战略联盟的稳定性及运行效率分析

上一章对联盟不同共生模式进行了分类，探究了不同模式下联盟稳定性的影响因素，阐述了联盟共生系统中的相互作用方式以及知识资源的传递行为（共生组织模式以及共生行为模式）。基于共生理论分析，不同共生模式的联盟间稳定性不同，其运行效率也存在差异，那么不同共生模式联盟的稳定性是否对联盟运行效率产生影响？是否存在特定共生模式联盟提高运行效率的路径？为探究这两个问题，本章将在前文的基础上，对联盟稳定性与运行效率之间关系进行分析，收集云南省产业技术创新战略联盟数据进行分析，构建产业技术创新联盟稳定性与运行效率关系模型并提出对策建议，以实现提升联盟运行效率的目的。

一、产业技术创新战略联盟稳定性与运行效率的关联分析

(一) 产业技术创新战略联盟稳定性与运行效率的研究现状

随着对联盟运行效率研究的不断深入，学者开始关注稳定性对联盟运行

效率的影响，并取得一系列成果。稳定性对联盟运行发展非常重要，是提升联盟运行效率的必要条件，已成为国内外学者普遍认同的观点。Sadowski（2007）等通过高技术产业战略联盟的样本，检验了联盟稳定性与运行效率之间的关系，指出降低联盟运行效率的未来收益不确定等因素。同时，联盟稳定性对运行效率水平的影响有不同的理论学派解释。例如，Yang 等（2008）等基于社会交换理论，以供应链战略联盟稳定性为研究对象，结合目标依赖等理论开展研究，提出联盟成员的承诺、信任与稳定性有正向影响关系，可以有效提升联盟运行效率水平。Porter（1990）依据价值链理论，论证了联盟稳定性与运行效率之间的相互关联，指出稳定性有助于降低盟员协调成本及共享价值成本，进而提高联盟运行效率。另外，低水平的运行效率将导致联盟不稳定。Jiang 和 Hao（2013）通过对德国 127 家合资企业案例分析，研究了联盟属性与共享系统的影响，以及两者之间的相互作用对整体运行效率的影响，得出知识转移与共享对联盟稳定性及运行效率产生重要影响。因此，虽然稳定性对联盟运行效率产生较大影响，但二者之间的具体作用机制并不清晰，仍需进一步研究。

（二）产业技术创新战略联盟稳定性与运行效率关系的研究思路

根据现有关于联盟运行效率的研究，本章以云南省的联盟为对象，探究不同共生模式的联盟稳定性是否对运行效率产生影响，本章按以下四个步骤进行分析：①根据第五章联盟共生模式理论，将联盟按寄生、偏利共生、非对称互惠共生、对称互惠共生四种共生模式进行分样，并确定影响联盟运行效率稳定性的评价指标。②根据联盟数据，采用 DEA 对各联盟进行效率评价。③将步骤①获得的联盟稳定性数据作为自变量，步骤②获得的联盟运行效率作为因变量，探究两者之间的关系。④根据实证结果，分析不同共生模式下联盟稳定性与运行效率之间的关系，找出影响联盟运行效率的因素。

二、影响联盟运行效率的稳定性指标分析

本节对影响联盟运行效率的稳定性因素进行分析,首先对现有联盟稳定性研究现状进行分析梳理,明确联盟稳定性的影响因素,根据运行效率影响的重要性以及数据可获得性确定评价指标,将其作为影响联盟运行效率的前因变量,以备关联分析使用。组建产业技术创新战略联盟是为了获取产业技术目标,维持联盟长远稳定发展,稳定性是实现联盟技术目标和获取绩效的基本保障,不稳定的联盟必然导致联盟中断或解体,是联盟运行效率低下乃至联盟失败解散的根源。已有文献从多个角度对联盟不稳定性进行探析,影响联盟运行效率的因素如下:

(一)联盟成员的稳定性

联盟成员的稳定性指联盟成员的稳定程度,它受联盟成员自身的影响,如新成员的加入或老成员的退出、成员经营范围、经营状态的稳定性等。由于联盟各个成员都属于独立的组织,其经营决策、经营状况等很少受到联盟影响,因而从总体来看联盟极为脆弱,当联盟有新成员加入或老成员退出、成员的经营范围、经营状态发生改变时,联盟其他成员需要花费额外的时间和成本进行磨合,从而影响联盟运行效率。因此,成员稳定性是影响联盟运行效率的关键因素,基于数据的可获得性,可选取联盟成员变动率作为联盟成员稳定性的度量指标。

(二)联盟成员的协同

联盟成员间的协同主要通过生产资料的流通、生产经营计划及决策等的

沟通、信息的共享等措施实现公共收益最大化。生产资料的流通即联盟成员与其生产伙伴的供应链关系；生产经营计划及决策等的沟通确保成员之间的信任及配合，这也是各方达成一致的基本前提；信息共享即联盟成员对其掌握的具体行动、知识等予以分享。成员无法完备地获取联盟整体及各成员信息、无法充分完成深层含义的挖掘以及持有信息较为分散等均会引起成员信息的不对称、不完全，导致成员发生误解，引起争端以及冲突，联盟稳定性降低，以致运行效率低下。只有在成员实现优势互补、发挥其优势的前提下，联盟才能够有效、稳定地实现目标。因此，成员之间协同机制也是影响联盟运行效率的重要因素，可选取联盟成员的互补程度度量协同性。

（三）联盟利益的分配

联盟各方成员通过协同合作以获取更多的利益，但因各种原因，各方获取的利益存在差异，这也是联盟共生模式分为寄生、偏利共生、非对称共生和对称互惠共生模式的根本原因。合理有效的利益分配可以使联盟成员认识到，他们加入联盟获取的利益是丰厚的，且一定程度上符合公平原则。如若不然，利益分配的不公平将对联盟成员的积极性产生极大影响，尤其是认为受到不公平对待的成员，从而导致联盟内部的不稳定甚至可能解体，对联盟的运行效率产生严重的影响。因此，利益分配模式是影响联盟稳定性的重要因素，也会影响联盟运行效率，可选取联盟利益分配模式作为联盟成员利益分配的度量。

（四）联盟的主导模式

联盟的主导模式即联盟中的企业或者高校、科研院所一方是否存在主导者，如果存在主导者，那么选择盟员，联盟其他成员的生产、计划、决策等很大程度上依附于主导者；如果不存在主导者，那么组建联盟实现合作创新的目标，合作伙伴的选择是其中最为关键的步骤，对恰当的伙伴进行选择是所有企业均需重点考虑的内容。良好的合作伙伴在信任、资源方面都可以给对方提供一定的帮助。综合而言，参与联盟的企业是否能够进行良好的合作，对于实现联盟目标、维持稳定起着至关重要的作用。因而可选取联盟是否存在主导者（不存在为 0，存在为 1）作为虚拟变量，度量联盟的主导模式状况。

（五）联盟产业环境

产业环境为联盟的外部环境，即为联盟所在产业的市场发展情况。如果联盟所在的行业发展情况良好，具有较好的市场前景和较大的市场开拓空间，那么联盟内各成员会协同开发市场，做大蛋糕，使联盟较为稳定且运行效率较高。但是，若该产业市场基本处于饱和或行业处于下降状态，那么联盟成员间的竞争就相对激烈，成员协同合作进行创新的难度更大、成本更高、联盟更不稳定，其运行效率也因此下降，因此，可选取产业销售收入增长率作为产业环境的度量指标。

（六）联盟产业政策因素

产业政策因素包括国际政局形势、国家政策变动以及政府的干预程度等。其中，国际政局是大背景，国家政策能影响联盟发展方向，而政府的干预程度直接影响联盟运行，优惠政策能为联盟发展提供更多资源，提升联盟发展速度，资金资助能更好地激励联盟运行。政府部门如果出于整体考虑而对联盟进行干预，可能给联盟带来冲击。因此，政策因素也是影响联盟运行效率的因素之一，可选取联盟所在产业年利好政策颁布数作为联盟政策影响因素。

影响联盟运行效率的稳定性因素还有很多，但这些因素有的难以进行度量或数据无法获得，有的只能通过主观判断打分，存在较大随机性，有的只是间接作用于联盟运行效率。因此，本书选取联盟成员的稳定性、联盟成员的协同、联盟利益的分配、联盟的主导模式、联盟产业环境及联盟产业政策

6个指标作为稳定性的度量指标，便于统一进行量化分析，从而为后续的实证分析确定前因指标，具体指标体系如表6-1所示。

表6-1　影响联盟运行效率的稳定性指标

内部因素	成员的稳定性	联盟成员变动率
	成员的协同	联盟成员的互补程度
	利益的分配	联盟利益分配模式
	主导模式（政、校/科、企）	是否存在主导者
外部因素	产业环境	产业销售收入增长率
	产业政策因素	联盟所在产业年利好政策颁布数

三、联盟运行效率分析

本节对联盟运行效率进行分析，首先对联盟运行效率研究现状进行梳理，明确联盟运行效率评价的思路和原则，基于科学性以及数据可获得性，构建联盟运行效率评价体系，选取数据包络分析法（DEA）作为联盟运行效率评价模型，以云南省联盟为对象进行评价，并将评价结果作为联盟稳定性与运行效率关系的结果变量。

（一）联盟运行效率研究现状

联盟运行效率指联盟在日常运行过程中成员间的合作顺畅程度及联盟内部战略目标的实现情况。国内学者对联盟运行绩效进行了许多研究：向刚（2012）运用模糊综合评价法，构建并检验了联盟运行效率评价模型。宋东林（2012）构建了包括集成效应、成果水平、社会效益、经济效益、产业竞争力、协作水平6个指标构成的联盟运行效率评价体系。李新荣（2013）从投入与产出两个维度，建立了产学研合作的联盟运行效率评价方法和模型。李成龙和刘智跃（2013）从耦合互动的视角，对联盟合作伙伴选择以及联盟创新管理机制进行研究，提出了建立联盟耦合互动机制等方面的建议。潘东华和孙晨（2013）构建了由产业竞争力、科技水平、技术标准、专利数量等指标构成的联盟运行效率指标体系。总体而言，现有评价方法未充分考虑联盟运行过程，因此构建的评价指标体系存在一定的局限性。

（二）联盟运行效率评价指标

1. 建立评价指标体系的思路

（1）构建联盟绩效评价指标。运行效率评价既要考虑联盟的经济效益，也要考虑其社会效益，这类指标应适用所有联盟的综合绩效衡量，是评价指标体系中的最基本指标。当不了解联盟特殊性或无法获取其特殊数据时，可以通过这些指标大致判断和了解联盟的情况，如研发人员占比、研发经费投入强度、营业利润率等。

（2）构建联盟运行效率特殊评价指标。由于不同联盟涉及领域、性质、特征及所在地等均不同，联盟之间必然存在差异，对于联盟运行效率的评价必须考虑联盟的特殊性。目前，国内研究并没有对联盟运行绩效进行分类评价，也未构建含有相应特殊指标的运行效率评价体系。联盟成员间存在商业联系，根据迈克尔·波特的五力模型，可分为上下游供应关系、同行竞争关系与无直接关系。

（3）考虑指标可获得性及指标数据的可信度。评价指标的可获得性主要取决于指标设计，如果该指标的评价具有较强的主观性和模糊性，那么在运用该指标体系对联盟运行效率进行评价时，就具有一定的数据获取难度和主观性。而指标数据的可信度主要取决于该指标是否涉及联盟及成员的核心机密，即联盟及其成员是否愿意真实地发布该指标数据，如果发布该指标会损害联盟及联盟成员利益，那么该指标的可获得性及可信度较差。

联盟企业投入产出绩效评价指标体系如表6-2所示。

表6-2 联盟企业投入产出绩效评价指标体系

	指标	度量
投入变量	研发人员占比（X_1） 研发经费投入强度（X_2） 运营成本（X_3）	研发人员数/公司员工数 研发经费投入/营业收入 管理费用 销售费用
产出变量	专利申请数（Y_1） 营业利润率（Y_2） 净资产收益率（Y_3）	专利申请数 营业利润/营业收入 净利润/净资产

2. 评价指标构建原则

（1）整体性原则。联盟是一个整体，在对其进行运行效率评价时，不仅要考虑联盟成员的个体运行效率，还要综合考虑联盟整体的运行效率，并且联盟整体的效率更为重要，只有当联盟整体数据不可获得或者数据较差时，才考虑用联盟成员的运行效率来替代。

（2）重要性原则。影响联盟运行效率的因素有很多，但考虑到评价的经济性、及时性，不能对所有影响因素都进行度量，指标建模时对次要因素合理取舍，抓住关键点，指标体系要有层次、有效、如实反映联盟运行效率，才能为政府监管和联盟管理提供政策制定、日常监管和运行管理的参考。

（3）相关性原则。要求评价体系中的指标与联盟运行相关，不可随意选择无关指标。因为影响联盟运行效率的因素之间往往存在相互影响，如成员的研发投入强度会影响联盟的运营成本，联盟的运营成本又反过来影响其研发投入。

（4）可操作性原则。联盟运行效率有些可以使用二手数据直接衡量，有些不能或不容易获得准确数值，只能用文字描述其状况，因此构建指标体系先要进行无量纲化处理，对其中的描述性文字进行说明解释，或采用赋值，尽可能构建量化指标，便于计算分析。因此，结合联盟运行的主要特征，从联盟的运行投入、运行过程、运行产出三个角度构建数量型指标体系，以联盟成员为评估对象，针对企业和联盟的运行特征进行数据挖掘和收集。

（三）联盟运行效率评价

1. 关键因素

产业技术创新战略联盟的本质是由产、学、研各方组成的创新系统，系统输入是各种资源投入，系统输出是技术创新产出，而系统功能是通过知识转移和协同创新将输入资源转化为创新产出。因此联盟的运行效率评价是对协同创新的投入产出效率进行评价。评价的关键在于如何选取运行投入、运行过程及运行产出指标。

（1）运行投入。产业技术创新战略联盟的运行投入指各联盟成员在人员、设备、资金等方面的投入。为了更好地体现联盟成员的投入对联盟运行效率的影响，在构建联盟运行效率指标体系过程中，可将联盟成员的人员投入、设施投入和资金投入作为重要的影响因素进行考虑。

（2）运行过程。联盟运行过程要素主要是联盟成员之间的关系对联盟整体运行绩效产生的影响，这对联盟整体运行有重要的作用，主要涉及联盟的外部宏观环境政策和经济环境对联盟运行产生的影响。一般来说，联盟的运行是以成员之间的商业往来或技术、产品合作开发为核心，带动联盟成员展开合作，因此，联盟成员的运行情况和成员之间的关系将直接反映联盟运行是否顺利。从联盟内部成员角度分析，不同盟员在联盟运行中发挥的作用各不相同，其衡量运行效率的标准则存在差异，导致联盟运作效率存在较大差异。另外，主导者或者核心成员之间的沟通效率是影响联盟运行效率的关键。

（3）运行产出。当前对联盟产出效率评价主要从经济效益和社会效益两方面展开。由于联盟产出的特殊性，不同联盟成员的共同合作目标与其合作意图的差异同时存在，相同的产出效率对于不同联盟主体的效用存在差别。

基于此，在对联盟产出情况进行分析时，应根据不同联盟的主体效用差异，分别从知识产出、经济效益、人才培养等角度对产学研合作的联盟产出效率进行度量。

2. 评价方法

合适的评价方法是准确度量联盟运行效率的关键，只有选择合适的度量方法，才能对联盟的运行状况进行有效管控，进而提升联盟运行效率及竞争力。联盟运行效率评价常用的方法有模糊综合法、BP 神经网络法、AHP 法等。模糊综合法基于模糊数学理论，能够将难定量的指标进行量化，便于分析评价，但其计算复杂且指标权重确定的主观性较强。BP 神经网络法具有自学能力强等优点，但数据挖掘难度较大、计算复杂且学习时间长。AHP 法操作简便、容易理解，能够利用有限的数据拟合复杂的决策思维过程，但在处理复杂、非线性关系数据时存在局限性。基于此，本书引入数据包络分析方法（Data Envelopment Analysis，DEA），DEA 是以相对效率评价为基础的一种系统分析和评价方法，是有关于同类决策单元（Decision Making Units，DMU）的多输入多输出型的相对有效性评价方法，因此也是对单位或部门间多投入多产出的相对有效性进行衡量的一种非参数方法。该模型能够处理多投入多产出问题，无须确定指标权重，避免人为因素影响的优点。运用 DEA 方法进行技术创先效率评价的主要步骤有以下四个：

（1）确定评价目的。将 DEA 方法用于技术创新效率的评价，目的是比较不同企业之间技术投入产出效率。

（2）选择决策单元。决策单元（DMU）可以看作是通过一系列决策，投入一定数量的生产要素，并产出一定数量产品的系统，DEA 评价中的决策单元必须是同类型的单位，也就是具有同样的目标、同样的外部环境和同样的输入输出变量。

（3）确定投入产出指标。根据评价的目的确定投入产出指标。对于某个决策单元（DMU），设 x 为投入变量，y 为产出变量，x_{ij} 为第 j 年的第 i 种投入量，$x_{ij} \geq 0$；y_{jr} 为第 j 年的第 r 种产出量，$y_{jr} \geq 0$；W_x 为投入量的权重系数，W_r 为产出量的权重系数，如式（6-1）即为投入变量及其权重系数，式（6-2）为产出变量及其权重系数。

$$
\begin{matrix}
x_{11} & \cdots & x_{1n} \\
\vdots & \ddots & \vdots \\
x_{m1} & \cdots & x_{mn}
\end{matrix}
\tag{6-1}
$$

$$
\begin{matrix}
y_{11} & \cdots & y_{1n} \\
\vdots & \ddots & \vdots \\
y_{s1} & \cdots & y_{sn}
\end{matrix}
\tag{6-2}
$$

（4）构建效率评价模型。对应于权重系数 W_x 和 W_r，每一个决策单元第 j 年都有对应的效率指数为 h_j，其计算公式为（6-3）。通过不断改变权重，总是可以找到适当的系数 u 和 v，使得 $h_j \leq 1$，$j = 1$，$\cdots$，n。据此原理，可以构造相对效率评价模型如下：当 $h_j = 1$ 时，则该决策单元是相对最有效的。

$$
h_j = \frac{U^T y_i}{V^T x_j} = \frac{\sum_{r=1}^{s} U_r y_{rj}}{\sum_{i=1}^{mn} V_i x_{ij}}, \quad j = 1, 2, \cdots, n
\tag{6-3}
$$

而由式（6-3）表示的决策单元（DMU）效率指数规划模型是分式模型，可以使用 Charnes-Cooper 变化进行化简求解，令

$$
t = \frac{1}{v^T x_0}, \quad w = tv, \quad \mu = tu
\tag{6-4}
$$

则代入化简可得：

$$
t = \frac{1}{v^T x_0} => w^T x_0 = 1
\tag{6-5}
$$

式（6-3）可转化为如下线性规划模型 P：

$$
P = \begin{cases}
\max h_{jo} = \mu^T y_0 \\
\text{s. t. } (w^T x_j - \mu^T y_j) \geq 0 \quad j = 1, 2, \cdots, n \\
w^T x_0 = 1
\end{cases}
\tag{6-6}
$$

如以第 j_0 个决策单元的效率指数为目标，以所有决策单元的效率指数为约束，构造如下的 CCR 模型，从而求得各决策单元的运行效率：

$$
\begin{cases}
\max h_{jo} = \dfrac{\sum_{r=1}^{s} U_r y_{rj_o}}{\sum_{i=1}^{mn} V_i x_{ij_0}} \\[3mm]
s.\ t.\ \dfrac{\sum_{r=1}^{s} U_r y_{rj}}{\sum_{i=1}^{mn} V_i x_{ij}} \leqslant 1 \quad j = 1,\ 2,\ \cdots,\ n \\[3mm]
u \geqslant 0,\ v \geqslant 0
\end{cases}
\tag{6-7}
$$

3. 效率评价

根据联盟的运行投入、运行过程及运行产出三要素分析，本章选取研发人员比例、研发经费投入强度及运营成本作为投入变量，选取专利申请数量、营业利润率及净资产收益率作为联盟运行产出变量。

（1）样本选择及数据说明。根据上述 DEA 模型和投入产出评价指标，为全面反映云南省产业技术创新战略联盟的运行，案例选择遵循以下原则：案例联盟所处行业拥有良好的发展前景，联盟成立时间较长且已取得一定的成功经验，样本具有良好的可信度和充裕度，数据翔实且具有可获得性，样本案例能集中反映云南省产业技术创新战略联盟发展实际。据此，筛选得到云南省风电、光伏、智能电网、新材料、精密合金、生物医药等产业技术创新战略联盟内的 11 家上市企业 2018~2019 年的相关指标数据为样本，并用 E1，E2，E3，…，E11 代表 11 家联盟。由于这些企业的上市股本不同，研发人员数量、公司员工数、研发经费投入、营业收入、营业利润和净资产收益率的数据来源于 Wind 数据库、CSMAR 数据库、incoPAT 专利数据库、企业年报及部分联盟网站。

（2）DEA 结果及分析。按照 DEA 评价模型与联盟运行效率评价关键因素，将 11 家联盟的研发人员比例（X_1）、研发经费投入强度（X_2）、运营成本（X_3）作为 DEA 决策系统输入，专利申请数量（Y_1）、营业利润率（Y_2）和净资产收益率（Y_3）作为系统输出，利用 DEAP 软件，将指标数据输入

DEA 模型进行计算，效率计算结果如表 6-3 所示。

表 6-3　联盟企业绩效评价

年份 ＼ 综合效率	E1	E2	E3	E4	E5	E6	E7	E11
2018	0.052	1.000	1.000	0.833	0.180	0.348	1.000	1.000
2019	0.648	1.000	0.462	0.615	0.197	1.000	0.409	1.000

根据联盟运行效率评价结果，从综合效率来看，当综合效率为 1 时，说明联盟整体运行过程各方面都处于最优状态，运行效率达到相对最高。联盟内企业总共有 6 个决策单元，即 6 个联盟在 2018~2019 年的综合效率指数为 1，其中，2018 年运行效率较好的有 4 家，而 2019 年则为 2 家。各联盟运行效率评价结果将作为进一步分析联盟稳定性与运行效率之间关系的因变量。

四、产业技术创新战略联盟稳定性与运行效率关系研究

基于联盟稳定性及运行效率评价结果，为进一步探索联盟高运行效率路径，利用 QCA 对产业技术创新战略联盟不同共生模式下的稳定性与运行效率可能存在的相关关系及路径进行分析，探究云南省产业技术创新战略联盟稳定性对其运行效率的影响机理。

（一）方法选取

本章尝试在组态视角的基础上分析联盟高运行效率背后的稳定性影响因素，采用 fsQCA 开展实证检验。QCA 在 20 世纪 80 年代由 Ragin 提出。可以

通过跨案例比较，找出不同前因条件的组态与结果变量之间的关系，即哪些条件变量的组合可以产生结果变量的某一特定结果，从而进一步在承认因果复杂性的前提下识别多重条件变量的协同效应。基于此，fsQCA 在近年来的相关实证研究中被广泛使用。

1. 适用性分析

（1）QCA 是一种案例导向的研究方法。QCA 是在社会科学研究中产生的一种针对中小样本案例研究的方法。当前，云南省产业技术创新战略联盟仅为100家左右，可以获得较好数据的联盟仅有11家，因此，QCA 比较适合于样本数量不多的情况。

（2）QCA 采取条件组态的形式深入分析变量间的复杂关系。传统的定量回归分析从孤立的视角对变量分析，很难解释清楚联盟稳定性因素之间的复杂关系及其对联盟运行效率的综合影响。

（3）QCA 结合了定性和定量分析方法的各自优点。传统的定性分析方法侧重对案例的整体分析，但普适性差，一般不具有可推广性。而定量研究方法则侧重从大数据样本中利用统计学等数学方法获取可借鉴的模式，但是其对于单个案例和特殊案例的分析深度不够，QCA 方法则整合了定性分析与定量分析的优势。

2. 研究步骤

（1）条件和结果变量的校准。校准指赋予案例的特定条件集合隶属度的过程，只有将原始案例数据校准为集合隶属分数后，才能进一步分析必要性与充分性的子集关系。拟采取模糊校准的方法对条件变量和结果变量进行校准。

（2）必要条件分析。在进行标准分析前，需要检查是否有任何条件对结果来说是必要的。由于联盟运行效率提升需要多个条件变量以组合形式共同作用，并非某一条件变量单独引起创新质量提升，因而需要考察不同条件变量的组合对创新质量的影响。拟采取计算前因条件变量的一致性和覆盖度系数进行必要条件分析。

（3）组态分析与结果解释。首先，设定相关的门槛值以初步筛选真值表；其次，进行标准分析并解释分析结果，使用中间解来确定导致结果的组态数量和这些组态的包含条件，利用简约解的结果来确定条件组态的核心条件和边缘条件，在简约解中的条件称为路径的核心条件，在中间解但没有在简约解的条件称为路径的边缘条件。

（二）案例选取及数据收集

案例选取的原则遵循相似、多样的原则，在最少数量的案例中包括最大程度的案例异质性，使选取的案例具有一定的代表性。拟从寄生、偏利共生、非对称互惠共生及对称互惠共生模式中各选取 3~4 家高技术企业联盟，总的案例企业 11 家左右。数据主要来自云南省科技厅产业技术创新战略联盟资料、调查问卷以及公司年报和官网介绍的数据和资料。

（三）校准及隶属度确定

在 fsQCA 中，校准的目的是给案例中涉及的各指标赋予隶属度值。具体而言，根据已有的理论知识和案例情境将变量校准为集合。校准后的集合隶属度 $\in$ ［0，1］。为了将条件变量的取值校准到 ［0，1］ 区间范围内，需要结合案例中各条件变量的实际取值分布，并根据案例的实际情况选取能够体现条件变量中间程度的取值来选取校准的三个锚点，分别为完全隶属点、交叉点和完全不隶属点。对于交叉点的选择，使用 Tosmana 给出的建议值，并结合现有研究资料和联盟实际运行情况进行最终判断。对于暂无研究结论和无法通过实际情况确定"完全隶属"和"完全不隶属"锚点的指标，参照统计学研究方法，选取样本数据95%和5%分位数。各条件变量的测量指标描述与锚点如表6-4所示。

表 6-4　结果变量与条件变量的指标描述与校准

变量	前因变量	完全隶属	交叉点	完全不隶属
内部因素	成员变化率	0.86	0.65	0.60
	协同机制	0.30	0.50	0.70
	利益分配	0.67	0.51	0.24
	主导（政、校、企）	0.00	0.50	1.00
外部因素	产业环境	0.95	0.80	0.65
	政策变化	0.84	0.63	0.37
结果变量				
运行效率		0.95	0.50	0.05

（四）必要条件分析

在对条件组态展开分析之前，需要对各前因条件的"必要性"进行检验，然后对无法单独成为必要条件的前因条件进行充分性分析，通过"布尔代数最小化"识别出对高运行效率联盟案例解释度最好的条件组态。因此，对各前因条件进行必要性分析（见表 6-5），除联盟成员间的协同和联盟产业环境外，各前因条件的一致性低于临界值 0.9，表明联盟成员之间良好的协同关系和所在产业拥有良好的产业环境，是解释联盟高运行效率的必要条件。

表 6-5　必要条件分析

前因变量	高水平联盟绩效		低水平联盟绩效	
	一致性	覆盖度	一致性	覆盖度
成员变化率低	0.51	0.51	0.37	0.35
成员变化率高	0.64	0.62	0.51	0.49
协同程度低	0.42	0.41	0.92	0.49
协同程度高	0.92	0.71	0.43	0.46
利益分配不均衡	0.81	0.75	0.51	0.58

续表

前因变量	高水平联盟绩效		低水平联盟绩效	
	一致性	覆盖度	一致性	覆盖度
利益分配均衡	0.29	0.43	0.68	0.34
由企业主导	0.60	0.74	0.25	0.49
政校研主导	0.54	0.68	0.33	0.41
产业环境良好	0.91	0.93	0.28	0.48
产业环境较差	0.72	0.32	0.93	0.49
政策变化小	0.49	0.85	0.61	0.35
政策变化大	0.31	0.26	0.78	0.81

（五）条件组态分析

使用 Ragin 和 Fiss 提出的 QCA 实证结果形式，该结果呈现形式能够清晰地反映各条件在条件组态中的相对重要性。分析结果中，"●"和"○"表明该条件是路径条件，"●"表示核心路径条件，而"○"表示边缘路径条件，空白则意味着该条件变量并不存在重要影响，是非必要路径条件。表6-6是解释联盟高运行效率的四条不同路径。其中，每列代表了一种条件组态，也是提高联盟运行效率的路径方法。由表6-6可知，高运行效率整体路径解的一致性为0.87，意味着在所有满足四类条件组态的联盟案例中，有87%的联盟均呈现较高的运行效率水平；而解的覆盖度为0.73，意味着四类条件组态可以解释83%的高运行绩效联盟案例。路径解的一致性和解的覆盖度均高于判断临界值，证明实证分析有效，4种联盟高运行效率路径存在。基于条件组态结果可以进一步识别出寄生模式、偏利共生模式、非对称型互惠共生和对称型互惠共生模式下联盟稳定性与运行效率的关系。

表6-6　联盟高运行效率组态分析

变量	联盟企业共生模式	寄生模式	偏利共生模式	非对称型互惠共生	对称型互惠共生
内部因素	成员变化率		●		
	协同程度	○	○		○
	利益分配		○	●	●
	主导模式	●		○	
外部因素	产业环境	○	○	○	○
	政策变化				
一致性		0.87	0.96	0.98	1.00
覆盖度		0.21	0.37	0.48	0.24
唯一覆盖度		0.03	0.25	0.32	0.02
解的唯一性		0.90			
解的覆盖度		0.73			

　　具体而言，寄生模式高运行效率组态（组态条件1）分析表明，当联盟中有较强的主导者（占主导企业和中介机构、强力的政府和管理及研发能力较强的科研院所），即主导者拥有较强的技术和管理能力，联盟将很有可能有较高的运行效率。因此相比其他条件，主导模式对于寄生类型的联盟提高自身运行效率更为重要。在这条路径下，当联盟有强力的主导者存在时，除了必要的良好产业环境，如果联盟中的成员能够较好互补，那么联盟就容易达到高的运行效率。在日常生活中，当联盟存在一个"巨无霸"主导者，其他联盟成员只负责提供低端的原料和服务，联盟整体利润主要通过主导者的创新来实现，其他成员则通过赚取该主导者的资金维持，联盟就会有较好的秩序，效率必然会高，而其他联盟成员就相当于寄生于主导者，均将其命名为寄生模式，意味着联盟中存在主导者能够一定程度上破除联盟技术创新、管理能力和地理因素等客观禀赋条件对联盟发展和运行效率的影响制约，该路径能够解释约20%的联盟高运行效率案例。另外，仅约有3%的高运行效率联盟案例能被这条路径所解释。

组态条件 2 表明，拥有稳定成员的联盟，如果联盟成员还拥有较为互补的能力和相对寄生模式更公平的利益分配模式时，其将拥有高运行效率。其中，成员的稳定性为核心条件，联盟成员互补性和利益分配为补充条件。因而，联盟成员的主导者不仅需要其他成员的低层次原料和服务供应，还需要更进一步的技术、生产等合作，需要通过相互间的联动适配来发挥作用，这就需要稳定的成员作为核心条件，而其他成员相对于寄生型模式中的附属伙伴，其对利益分配的要求更高，故将其命名为"偏利共生模式"。该路径能够解释约 37% 的高运行效率联盟案例，其中约 25% 被这条路径所解释。

组态条件 3 表明，对于能够充分考虑成员间利润分配合理性的联盟而言，如果联盟中存在一定程度的主导企业，其也将拥有高水平的运行效率。其中，利益分配为核心条件，主导模式（内部）和产业环境（环境）为补充条件。由于该驱动路径既有主导企业，又能够实现联盟间的互惠共生，故将其命名为"非对称型互惠共生模式"。该路径能够解释约 48% 的高运行效率联盟案例，而其中约 32% 的案例被这条路径所解释。

组态条件 4 是在"非对称型互惠共生"基础上，增加了互补程度条件，减去了主导模式条件。其中，利益分配仍为核心条件，符合互惠共生模式的基本条件，而补充条件由路径 3 的主导模式转换为协同机制，即该种共生模式的联盟不存在明显的主导关系，更多的是产业链分工合作的协同机制，故将其命名为"对称型互惠共生"，是一种理想且稳定的联盟模式。该路径能够解释约 24% 的高运行效率联盟案例，而其中约 2% 的案例能被这条路径所解释。

五、本章小结

本章使用定性比较分析方法（QCA），以不同共生模式下联盟稳定性条件（内部条件和外部条件）作为前因变量，以联盟运行效率为结果变量进行实证分析。实验结果证明了不同共生模式联盟的稳定性对运行效率存在较大影响。通过组态分析，得到不同共生模式下联盟取得高运行效率的路径，为构建联盟协同管理机制和提升联盟运行效率提供了思路和支撑。此外，本章以联盟成员之间的互补程度作为联盟协同的测度，分析不同共生模式联盟达到高效率的必要条件是盟员之间的管理协同。

第七章 基于管理协同的产业技术创新战略联盟稳定性分析

第六章对联盟共生理论及当前云南省联盟所处的共生模式进行了分析，并在此基础上采用 DEA 方法构建了联盟运行效率评价模型，对联盟不同共生模式的稳定性及运行效率关系模型进行了定性比较分析，得出对称性互惠共生模式为联盟的最优共生模式。为推动联盟最优模式的实现，本章以协同论为基础，对管理协同进行概念界定和分类，从资源、目标、知识、关系、创新等方面深入系统研究管理协同与联盟稳定性的作用机理，分析成员信任度的调节作用，为云南省产业技术创新战略联盟稳定性的政策制定提供借鉴和参考，从而推动联盟对称性互惠共生模式的实现，构建互惠共生的联盟管理协同机制。

一、共生与管理协同分析

（一）共生与管理协同分析

共生与协同是密切相关的，共生是企业组织发展的进化路径，协同是提高组织效率的有效途径。对联盟这个特殊的共生系统来说，协同才能实现共生，共生才能发展。当前云南省联盟正处于非对称性互惠共生的模式，要想达到对称性互惠共生的最优模式，就要实现联盟成员间的协同，产生协同效应。要产生协同效应，关键是要实现联盟成员间的管理协同。管理协同就是把协同论引入管理研究中，其中心目标是实现协同效应，联盟的首要目的就是推动联盟成员间的相互协作，实现协同效应。管理协同是实现联盟成员间的共生，推动最优共生模式的实现，实现价值共生的有效途径。因而，本书研究促使不同的联盟主体形成相互一致的集体行为，充分发挥联盟的集体优势和各方的资源优势，促进企业、高校、科研院所以及其他机构之间的资源、知识共享，实现资源、知识互补，推进联盟主体间的共同生存、共同发展，推动联盟共生的实现。

（二）管理协同的概念分析

关于管理协同的概念界定，Haken（1988）把"协同"的理念加以明确并建立一门新的学科——"协同学"，他认为协同就是系统的各个子系统相互协调，从而形成新的结构特征。潘开灵等（2007）认为，将协同论融入管理中并对协同规律进行研究管理的理论体系就是管理协同。Jaron 等（2009）从供应链的角度对管理协同进行了定义，提出管理协同是供应链中具有独特优势和能够实现价值增值的节点相互配合和共同努力，从而实现企业整体目标的过程。Wassmer 和 Dussauge（2012）从网络组织的视角，提出管理协同是联盟网络组织成员之间相互协作和资源共享的所有活动的集合，从而发挥联盟成员协同创新作用。Hill（2015）认为，管理协同指联盟通过合作达到的资源协同程度和目标协同程度。秦书生（2001）提出，现代企业的管理协同机制表现为各系统相互协调、配合，进而由无序发展为有序。白列湖（2005）认为，管理协同的本质就是系统各要素相互协调，使系统由无序转为有序，从而获得协同效应。陈劲和阳银娟（2012）提出，管理协同的发挥除依靠外部环境外，更重要的是企业内部要达到文化协同。

（三）管理协同的分类分析

关于管理协同的分类，Pan 和 Bai（2006）从企业内部管理视角提出，管理协同是企业内部的制度、人才、信息、物质等资源的整合协同，这些要素归类为资源协同。而联盟成立的目的是为了最大限度地利用资源、规划资源、充分挖掘资源的潜在价值，从而提高经济效益。对联盟来说，其资源协同管理水平直接影响联盟能否发挥协同效应、能否实现联盟稳定运行。Keshmiri 和 Payandeh（2011）研究发现，激烈的市场竞争、快速的技术变革和迅速变化的市场需求是企业间联合进行协同创新的主要推动力，而管理协同的发挥在于联盟成员的目标协同，所以目标协同在管理协同中发挥重要作用。对联盟来说，只有将所有成员凝聚，共同为实现联盟目标而奋斗，才能留住成员，实现联盟不同成员的不同发展目的，从而实现联盟的发展目标。Hardy 等（2016）从企业视角提出，管理协同除资源协同，还包括知识协同和创新协同。Anklam 等（2002）认为知识协同是一种知识的协同和交互，并提出知识协同的概念，即知识管理的协同化发展。Nielsen 和 Gudergan（2012）认为组织进化的关键在知识，知识协同能够以知识创新的手段提高联盟成员的业务绩效水平。Lomi 和 Fonti（2012）从社会资本的角度研究了联盟协同创新机制，发现具有良好关系协同的组织更容易实现技术创新，并使联盟稳定运行，因而关系协同在管理协同中发挥重要作用。联盟是一个涉及企业、高校、科研院所及其他机构等多方利益链的系统，其内部关系的好坏直接影响联盟系统的稳定性，因而对联盟来说，良好的关系极为重要。此外，Alphey 等（2009）提出，创新协同是联盟发挥协同效应的重要保障。对联盟来说，创新涉及高校、科研院所等多个领域的创新，要想实现创新，需要构建创新协同机制，推动产学研融合发展。综上所述，资源协同、目标协同、知识协同、关系协同、创新协同均对联盟稳定性有着重要影响，基于此，本书把管理协同分类为资源协同、目标协同、知识协同、关系协同和创新协同五个方面。

二、管理协同对联盟稳定性的影响分析

（一）资源协同与联盟稳定性

资源协同的概念来源于协同理论，指联盟成员在物质资源、人力资源和资源结构互补的程度，其本质是各部门和组织为实现共同目标而进行的资源共享。Gulati（1995）提出，合作伙伴的资源互补性是建立联盟的前提，成员资源互补程度越高，联盟越稳定。Das 等（2003）指出，成员资源互补有利于增强联盟间的合作，进而增强联盟稳定性。叶大军和张霜（2010）认为，资源协同与相互依赖是形成联盟的重要基础条件，企业间资源的协同程度与相互依赖程度在联盟形成过程中发挥至关重要的作用，资源协同效应在战略联盟中发挥核心主导作用，充分利用资源协同效用，可增强联盟稳定性。曹兴和龙凤珍（2013）指出，联盟稳定性取决于成员对联盟资源投入对自己带来的负向作用与吸收资源的程度。王道平等（2015）认为，人力资源协同是实现联盟重大创新的保障，也是联盟稳定运行的前提。Blumenthal 等（2009）认为，联盟长期合作的原因主要在于成员间具有实力相当的物质资源和财产资源，这也是建立联盟管理协同的基础。袁满（2016）认为，联盟双方资源依赖程度越高，联盟越稳定。张海峰等（2017）从信息资源的角度研究了资源共享与物流联盟稳定性之间的关系，通过两阶段博弈模型研究了信息资源共享度影响联盟成员决策，进而影响联盟稳定性。李玥（2019）指出，无论对个人还是对组织而言，资源都是有限的，不可能具备全部的核心能力以及资源，只有联盟成员间优势互补，联盟才可实现稳定发展。基于此，本书将资源协同界定为物质资源协同、人力资源协同和资源结构的互补性，并提出如下假设：

H1：资源协同对产业技术创新战略联盟稳定性提升有显著影响。

（二）目标协同与联盟稳定性

联盟成员之间的合作都是以一定目标为基础，目标协同对联盟稳定性有着重要影响，如果成员对联盟合作不满意或未达到既定目标，可能会导致联盟合作终止。Vidal（2001）提出，目标协同指联盟成员在保持目标一致的情况下，实现联盟目标的程度。Schnur 和 Montgomery（2010）指出，目标完成程度与联盟稳定性息息相关。Inkpen 和 Beamish（1997）通过对生物制药战略联盟研究发现，目标是否在预算内完成影响联盟稳定性。Chaffeebates（2011）指出，目标如果能在预算范围内完成，将有利于联盟稳定性，目标完成的成本越低，联盟合作越长久。Ogier（2012）提出，目标无法在计划时间内完成是联盟冲突产生的重要原因，由此影响联盟成员继续合作的意愿，从而影响联盟稳定性。Schmit 等（2015）研究发现，目标完成度与联盟稳定性呈正相关关系。Chu（2015）指出，能够在计划时间内完成目标的联盟合作时间更长，稳定性更强。Killing（2012）研究发现，联盟稳定性受到目标完成效率的影响，完成效率越高，联盟稳定性越强。周青等（2011）指出，战略目标不一致会导致联盟冲突，从而降低联盟稳定性。Angeles 和 Nath（2001）认为，成员目标一致性越高，越有助于合作双方达成共识，减少合作中的阻碍。梁招娣（2015）提出，目标一致性与联盟稳定性之间存在相互影响关系且均为正向影响。基于此，本书将目标协同界定为在既定的预算、既定的时间内完成效率的程度和联盟成员目标的一致性，并提出如下假设：

H2：目标协同对产业技术创新战略联盟稳定性提升有显著影响。

（三）知识协同与联盟稳定性

关于知识协同与联盟稳定性的研究，Anklam 等（2002）认为知识协同是为了创造新的知识，联盟成员通过实践社区、学习社区、兴趣社区、目的社区等进行知识协同和交互，从而实现知识共享、知识转移以及组织学习，并运用获取的知识进行知识创造。Karlenzig 和 Patrich（2002）提出，企业组建联盟的目的是为了实现知识共享，从而创造新知识。Huang 等（2012）认为，联盟运行过程中不可避免地出现机会主义行为，在机会主义行为动机下，联盟成员只追求自身利益，不愿共享自己的核心知识，从而降低联盟稳定性。Jun（2013）研究发现，联盟成员的知识消化吸收能力影响知识协同，从而影响联盟稳定性。Tang 和 Lan（2015）认为，成员的知识转移效率对联盟稳定性产生影响，当知识转移效率高时，联盟稳定性较强。张照远（2020）指出，组织间知识转移对技术联盟稳定性呈显著正相关关系。Nalewaik 等（2015）从联盟成员团队学习的角度界定了知识协同，提出经常组织团队成员进行共同学习的联盟稳定性更强。基于此，本书将知识协同界定为知识共享程度、知识转移效率和团队成员学习频率，并提出如下假设：

H3：知识协同对产业技术创新战略联盟稳定性提升有显著影响。

（四）关系协同与联盟稳定性

关于关系协同与联盟稳定性的研究，Yan 和 Barbara（1994）指出，战略联盟的关系协同是相关成员企业为推动战略联盟稳定性而相互协调和共同努力的动态过程。Zeng 和 Chen（2003）运用社会学困境理论，构建了新的战略联盟稳定性研究框架，以探究沟通对联盟稳定性的影响。Lloyd 等（2012）运用联盟成员合作过程中接触频率和持续时间来衡量关系协同，分析了其与联盟稳定性的关系，结果发现成员经常进行交流和接触有助于联盟稳定。Suprapto 等（2015）提出，关系协同是联盟成员双方投入的资源程度。Mcnair 等（2010）提出，联盟成员在合作过程中能否充分考虑对方的利益，影响联盟稳定性。Calantone 和 Zhao（2001）认为，成员对合作过程中专用性关系资产的承诺会降低联盟管理成本，从而提高联盟稳定性。基于此，本书将关系协同界定为联盟成员接触时间、资源投入程度、合作互惠性、合作中对专用关系资产的承诺，并提出如下假设：

H4：关系协同对产业技术创新战略联盟稳定性提升有显著影响。

（五）创新协同与联盟稳定性

有效的创新协同可以促进成员企业进行良好的合作和学习，对联盟稳定性起着非常重要的作用。Kahn（2001）基于企业的视角，探讨了企业间创新协同可以促进产品研发和管理效率的提升。Tucker（2002）认为，众多技术和非技术要素的协同发展，是企业成功创新的重要因素和关键所在。Auh（2005）认为，创新协同主要包括组织的协调能力和沟通有效性、冲突管理能力、利益分配方式等，Schreiner 等（2009）提出，成员之间顺利而有效的沟通有助于提高联盟稳定性。Schilke 和 Goerzen（2011）指出，伙伴恶性竞争、冲突等行为可能导致联盟失败和解体，成员彼此间冲突越多，联盟稳定性越差。Leischnig 等（2014）认为，创新协同程度越高，可以避免联盟冲突的发生，维持联盟稳定运行。傅慧和朱雨薇（2012）提出，有效的创新协同有利于解决联盟信息不对称和机会主义问题，有助于增进联盟成员彼此了解，使联盟成员机会主义行为概率降低，增强联盟稳定性。叶娇和原毅军（2011）提出，创新协同程度越高，越有助于降低文化冲突，使联盟稳定性更强。黄俊等（2007）提出，成员创新协同有助于提高联盟稳定性。Luo 和 Liang（2011）认为，利益分配是否合理是联盟稳定运行的关键问题。梁招娣（2015）提出，有效的沟通、合理的利益分配对联盟的稳定性产生正向影响，联盟稳定性反过来也会影响信息沟通和利益分配。基于以上分析，本书将创新协同界定为有效沟通的程度、冲突管理的水平和利益分配公平的程度，并提出如下假设：

H5：创新协同对产业技术创新战略联盟稳定性提升有显著影响。

（六）成员信任度的调节作用

联盟稳定运行的前提和保障建立在高度信任的基础上，成员间的信任度与联盟稳定性有着紧密联系。Cullen 等（2000）提出信任—承诺—绩效理论，认为企业战略联盟成功不仅要重视其管理的硬件条件，还要重视其软件方面，即要在联盟中发展和管理关系资本，关系资本的两个重要方面就是相互信任和承诺。Shariat 等（2007）提出，管理协同的发挥基于联盟成员间的相互信任。江旭（2012）指出，机会主义将严重影响联盟的持续发展，而成员间的信任可以使联盟长期维持并促进知识创新。Lusher 等（2012）提出，成员间的信任是联盟关系协同的基础，成员信任度正向调节联盟协同与稳定性。方静和武小平（2013）提出，信任和控制是降低联盟风险的方法，成员信任度是联盟稳定性的基础及成功的标志。Fadol 和 Sandhu（2013）提出，联盟四阶段概念框架，成员信任度在每一个阶段都对联盟稳定性产生影响。Nguyen 和 Srinivasan（2014）基于社会交换理论提出，成员信任度与联盟稳定性产生正向影响关系，进而有效提升联盟绩效。Heimeriks 等（2015）提出，合作伙伴的合作经验可以增强成员信任感，进而提高联盟稳定性。崔强等（2015）认为，资源投入体现成员对联盟的重视程度，成员资源投入越多，越依赖联盟，越有助于提升联盟其他成员的合作信任度，从而增强联盟稳定性。Hill 等（2015）提出，联盟成员之所以很难发挥资源协同的重要原因是缺乏信任。袁满（2016）研究发现，成员间信任程度是影响联盟稳定性的重要因素，其对联盟稳定性影响大于资源因素。Jarvenpaa 和 Majchrzak（2010）提出，知识协同有赖于联盟成员之间相互信任，只有成员之间高度信任，成员才愿意为联盟贡献自己的知识，促进联盟知识协同和稳定性。Keshmiri 和 Dayandeh（2011）提出，成员之间的不信任使联盟成员产生机会主义行为，降低目标协同对联盟稳定性的正向影响。Nowotarski 等（2016）提出，成员之间的信任度对联盟管理协同造成影响，从而影响联盟稳定性。孙红涛和王立（2020）指出，联盟成员的信任问题是产生联盟风险、造成联盟高失败率的重要因素。基于此，本书将成员信任度界定为成员资源投入程度、合作中联盟成员欺骗行为的次数、成员的经验和信息共享的程度，并提出如下假设：

H6：成员信任度对产业技术创新战略联盟的稳定性有显著影响。

H7：成员信任度在资源协同与联盟稳定性之间存在调节作用。

H8：成员信任度在目标协同与联盟稳定性之间存在调节作用。

H9：成员信任度在知识协同与联盟稳定性之间存在调节作用。

H10：成员信任度在关系协同与联盟稳定性之间存在调节作用。

H11：成员信任度在创新协同与联盟稳定性之间存在调节作用。

基于以上分析，本章构建如图 7-1 所示的研究框架。

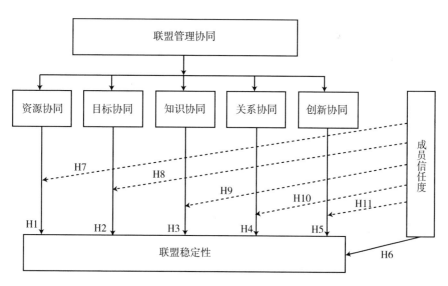

图 7-1　假设模型

三、研究设计

（一）数据收集

本书主要通过问卷调研的方式收集数据，选择在云南省、上海市、广州市、江苏省、北京市等地区的产业技术创新战略联盟展开问卷调研，其中调研产业涉及电子、化工、有色金属、医药、特色农业等。问卷调查表的填写采用函寄、访谈、E-mail 等方式：一是通过学校提供的校友录，向校友所在企业发放问卷；二是对高校 EMBA 和 MBA 学员发放问卷；三是对云南省产业技术创新战略联盟进行实地调研、访谈并进行问卷发放。问卷在填写时尽量邀请熟悉该领域的高层管理者进行填写，以保证问卷填写的有效性和准确性。从 2019 年 12 月到 2020 年 7 月，共发出 513 份问卷，回收 436 份，回收率 85%，整理后有效问卷 365 份，表 7-1 给出了样本的具体情况。运用SPSS20.0 和 AMOS23.0 对问卷结果进行分析。

表 7-1　样本构成

	分类指标	人数（人）	比例（%）		分类指标	人数（人）	比例（%）
性别	男	214	59	联盟类型	企业	225	61.6
	女	151	41		高校	46	12.6
年龄（岁）	30 以下	63	17.3		科研院所	86	23.6
	31~40	122	33.4		其他	8	2.2
	41~50	157	43				
	51 以上	23	6.3	职级	普通职员	104	28.5
受教育程度	中专及以下	104	28.5		基层管理者	107	29.3

	分类指标	人数 （人）	比例 （%）		分类指标	人数 （人）	比例 （%）
	本科	172	47.1		中层管理者	122	33.4
	硕士及以上	89	24.4		高层管理者	32	8.8

（二）研究变量测度

量表源于国外经典文献，一是在阅读本领域权威文献的基础上，确定相关量表和题目，在保证原始文献的前提下，翻译成中文的变量测量量表；二是为了使被调查者能够充分理解问卷意思，项目团队征求了相关领域的专家意见，并对问卷题目进行细致斟酌和修改，使其在不改变原意的情况下通俗易懂；三是为保证问卷的有效性，选择十几家联盟对问卷进行预测试，r=0.243，p<0.01，征求了他们关于问卷的修改意见后，对问卷进行最后的修改，确定最终问卷。问卷测度借鉴 Likert7 级量表对所设计变量进行赋值，1表示"完全不同意"，7 表示"完全同意"。

1. 因变量

以联盟稳定性作为因变量，在对相关文献进行梳理的基础上，将联盟稳定性的测量量表总结如表 7-2 所示：

表 7-2　因变量的测量量表

因变量	测量维度	文献来源
稳定性	6a 贵公司与联盟伙伴的合作很愉快	Yang 等（2008） Gilbert 等（2017） Gao 等（2017） Jun（2013） Christoffersen（2014） Isidor 等（2013）
	6b 贵公司通过联盟合作提高了企业竞争力	
	6c 贵公司通过联盟合作，希望继续合作下去	
	6d 贵公司通过联盟合作提高了公司市值	
	6e 贵公司通过联盟合作获得了有用的外部知识	
	7f 贵公司通过联盟合作 RD 创新能力得到了很大提高	

2. 自变量

通过对现有联盟稳定性影响因素的文献进行归纳总结，提出主要从五个维度衡量联盟稳定性。具体测量量表如表7-3所示：

表7-3　自变量的测量量表

研究变量	测量维度	测量题项	文献来源
联盟协同管理	资源协同	1a 贵公司与合作伙伴的物质资源互补性很强	Das 等（2003）Angeles 和 Nath（2015）
		1b 贵公司与合作伙伴的人力资源能够发挥良好的协同作用	
		1c 贵公司与合作伙伴的资源结构具有很强的互补性	
	目标协同	2a 贵公司所在的联盟能在预算内完成既定目标	Ogier（2012）Schmit（2015）
		2b 贵公司所在联盟目标完成的效率非常高	
		2c 贵公司与合作伙伴的目标一致性很高	
	知识协同	3a 贵公司与合作伙伴能够充分地进行知识共享	Tang 等（2015）Nalewaik（2015）
		3b 贵公司的研发人员与合作伙伴的研发人员经常进行技术交流	
		3c 贵公司所在联盟团队成员学习效率非常高	
	关系协同	4a 贵公司的高管与合作伙伴的高管具有很好的私人关系	Mcnair 等（2010）Suprapto 等（2015）
		4b 贵公司对所在联盟投入了大量有用的资源或技术支持	
		4c 贵公司能够从联盟的合作中提高公司的社会资本	
		4d 合作伙伴对联盟做出了专用关系资产承诺	
	创新协同	5a 贵公司与合作伙伴在研发方面进行深入合作	Schreiner 等（2009）Leischnig 等（2014）
		5b 贵公司所在的联盟建立了良好的创新机制	
		5c 贵公司与合作伙伴共享创新成果	

3. 调节变量

调节变量为联盟成员信任度。本书借鉴 Nguyen 和 Srinivasan（2014）、

Heimeriks 等（2015）的研究成果，对成员信息度进行测度，具体如表 7-4
所示。

表 7-4　调节变量的测量量表

测量题项		文献来源
成员信任度	8a 合作伙伴具有很好的信誉	Nguyen 和 Srinivasan（2014）Heimeriks 等（2015）
	8b 在联盟合作期间，合作伙伴账款交付及时，无欺诈行为，对其财务透明度满意	
	8c 贵公司合作伙伴的合作经验很丰富	
	8d 在联盟合作期间，合作伙伴共享了大量有用的信息	

4. 控制变量

控制变量的设置是为了减少某些因素对研究结果的影响，从而使各变量之间的关系更明确。为了建立稳定的假设关系，本书对可能影响验证结果的主要变量进行控制。结合前人的研究成果，从个体水平和组织水平两个维度设置控制变量，即被测试者和被试联盟组织，其中被测试者主要涉及职位，被试联盟组织主要涉及联盟规模、联盟所属行业、政府干预度等因素。

（1）职位。被测试者的职位不同，可能会对问卷调查的结果产生影响，从而影响研究结果。本书采用的数据收集方法属于主观测评的方法，受被测试者的主观感知和理解。

（2）联盟规模。不同联盟规模的知识转移效率不同，联盟的稳定程度不同。

（3）联盟所属行业。以往的实证研究中，行业是最常见的控制变量，行业类型会影响企业绩效。行业类型、行业发展现状、行业竞争强度等都会对联盟稳定性产生影响。

（4）政府干预度。政府政策有助于强化联盟合作机制，从而影响联盟稳定性（解学梅和王宏伟，2020）。

（三）信度与效度检验

首先，对模型进行信度和效度分析，如表 7-5 所示。采用 Cronbach's α 和 CR 系数评判问卷的信度，分别对联盟管理协同、联盟稳定性量表进行内部一致性检验。从表中数据可知，各变量的 Cronbach's α 值都大于 0.7，除联盟稳定性为 0.778 外，其他值都在 0.8 以上。同时，各量表的 CR 值在 0.831~0.879，高于 0.7，表明本量表具有很好的信度。使用因子分析法和 AVE 检验量表的结构效度和收敛效度，各变量的因子载荷大于 0.5，表示该变量非常显著。由表中标准载荷值可知，各变量的因子载荷值都满足 0.5 的要求，表明该量表具有很好的结构效度。另外，各变量的 AVE 值高于推荐值 0.5 的统计临界值，表明因子具有很好的收敛效度。

表 7-5　信度和效度检验

变量		测试题项	标准载荷	AVE	CR	Cronbach's α
联盟管理协同	资源协同	1a 贵公司与合作伙伴的物质资源互补性很强	0.79	0.506	0.836	0.836
		1b 贵公司与合作伙伴的人力资源能够发挥良好的协同作用	0.73			
		1c 贵公司与合作伙伴的资源结构具有很强的互补性	0.70			
	目标协同	2a 贵公司所在的联盟能在预算内完成既定目标	0.68	0.553	0.831	0.834
		2b 贵公司所在联盟目标完成的效率非常高	0.74			
		2c 贵公司与合作伙伴的目标一致性很高	0.75			

续表

变量		测试题项	标准载荷	AVE	CR	Cronbach's α
联盟管理协同	知识协同	3a 贵公司与合作伙伴能够充分地进行知识共享	0.87	0.708	0.879	0.874
		3b 贵公司的研发人员与合作伙伴的研发人员经常进行技术交流	0.77			
		3c 贵公司所在联盟团队成员学习效率非常高	0.88			
	关系协同	4a 贵公司的高管与合作伙伴的高管具有很好的私人关系	0.79	0.543	0.856	0.854
		4b 贵公司对所在联盟投入了大量有用的资源或技术支持	0.74			
		4c 贵公司能够从联盟的合作中提高公司的社会资本	0.74			
		4d 合作伙伴对联盟做出了专用关系资产承诺	0.70			
	创新协同	5a 贵公司与合作伙伴在研发方面进行深入合作	0.78	0.564	0.838	0.838
		5b 贵公司所在的联盟建立了良好的创新机制	0.69			
		5c 贵公司与合作伙伴共享创新成果	0.77			
稳定性		6a 贵公司与联盟伙伴的合作很愉快	0.73	0.597	0.880	0.896
		6b 贵公司通过联盟合作提高了企业竞争力	0.69			
		6c 贵公司通过联盟合作，希望继续合作下去	0.70			
		6d 贵公司通过联盟合作提高了公司市值	0.83			
		6e 贵公司通过联盟合作获得了有用的外部知识	0.72			
		6f 贵公司通过联盟合作 RD 创新能力得到了很大提高	0.87			

（四）验证性因子分析

运用验证性因子分析来验证变量的收敛效度。对于收敛效度而言，分别对资源协同、目标协同、知识协同、关系协同、创新协同和稳定性进行验证性因子分析，表7-6为各变量的验证性因子分析结果，所有的测量条目都在相应因子上，标准化载荷均高于0.5，从模型拟合效果来看，绝大部分拟合指标均达到可接受标准，表明模型可以接受，具有良好的收敛效度。

表7-6　各变量的验证性因子分析结果

变量	χ^2	df	χ^2/df	GFI	CFI	TLI	RMR	AGFI	NFI	RMSEA
资源协同	2.926	2	1.463	0.996	0.998	0.995	0.016	0.978	0.994	0.037
目标协同	13.025	2	6.513	0.972	0.971	0.942	0.045	0.917	0.963	0.077
知识协同	4.926	2	2.463	0.981	0.986	0.983	0.024	0.963	0.984	0.062
关系协同	5.386	3	1.762	0.988	0.987	0.961	0.022	0.941	0.983	0.089
创新协同	14.328	2	7.164	0.982	0.983	0.967	0.026	0.945	0.976	0.082
稳定性	13.824	6	6.912	0.982	0.979	0.958	0.044	0.945	0.968	0.077

四、实证分析

（一）相关性分析

为进一步探索管理协同与联盟稳定性间的关系，利用SPSS20.0软件对各变量均值、标准差及相关性进行分析（见表7-7），可得联盟稳定性与资源协同（r=0.505，p<0.01）、目标协同（r=0.438，p<0.01）、知识协同（r=0.506，p<0.01）、成员信任度（r=0.243，p<0.01）等因素呈显著正相关关

系，这些相关性与 H1、H2 和 H3 相符，稳定性与关系协同（r = −0.539，p<
0.01）呈显著的负相关关系，稳定性与创新协同（r = 0.545，p>0.1）相关
性不显著，因而验证结果与 H4 和 H5 不一致。为确保结果的科学性和准确
性，还需进一步进行分析验证。

表 7-7　各变量间的相关系数

变量	均值	标准差	1	2	3	4	5	6	7
资源协同	4.801	0.868	1						
目标协同	5.111	0.907	0.530**	1					
知识协同	5.117	0.936	0.560**	0.714**	1				
关系协同	5.489	0.795	0.469**	0.491**	0.511**	1			
创新协同	5.147	0.840	0.543**	0.695**	0.683**	0.572**	1		
稳定性	5.524	0.938	0.505**	0.438**	0.506**	−0.539**	0.545	1	
成员信任度	4.067	0.947	0.452**	0.448**	0.458**	0.348**	0.501**	0.243*	1

注：**、* 分别表示在 p<0.01、p<0.05 的水平显著。

（二）结构模型分析

采用 AMOS 对理论模型进行验证，结果如表 7-7 所示，资源协同、目标
协同、知识协同与稳定性呈显著的正相关关系，这一结果与 H1、H2、H3 相
符。然而，关系协同与稳定性呈显著负相关关系，与 H4 相反，之所以出现
这种结果，主要是因为成员间关系协同程度高并不能保证提升联盟绩效，即
使成员协同程度高，也存在"搭便车"和机会主义行为的产生，导致联盟不
稳定。创新协同与联盟稳定性的相关性没有通过显著检验，H5 没有得到验
证，主要原因在于创新协同的关键是有良好的利益分配机制，没有利益分配
机制，创新协同的效果不明显，联盟稳定性较差。从共线性分析来看，所有
变量的 VIF 值均小于 10，说明变量之间不存在多重共线性。因此，H1 ~ H5
得到验证，如表 7-8 所示。

表 7-8 假设检验结果

路径	关系	路径系数	t 值	容差	VIF	检验结果
H1：资源协同—联盟稳定性	+	0.92 **	11.403	0.159	6.27	支持
H2：目标协同—联盟稳定性	+	0.70 **	9.166	0.262	3.81	支持
H3：知识协同—联盟稳定性	+	0.88 **	10.369	0.216	4.62	支持
H4：关系协同—联盟稳定性	−	−0.89 **	8.400	0.267	3.75	不支持
H5：创新协同—联盟稳定性	+	0.72	9.774	0.174	5.74	不支持

注：** 、* 分别表示在 $p<0.01$、$p<0.05$ 的水平上显著。

（三）调节效应

为验证 H7、H8、H9，采用阶层式回归验证成员信任度在资源协同、目标协同、知识协同、关系协同和创新协同与稳定性间的调节作用。模型结果如表 7-9 所示，与模型 1 相比，模型 2 在模型 1 的基础上增加了资源协同、目标协同、知识协同、关系协同、创新协同和成员信任度作为解释变量，在不探究交互作用的前提下，检验这些变量对联盟稳定性的影响。模型 3 在模型 2 的基础上增加了成员信任度与管理协同各个因素的交互变量，用来检验交互作用对联盟的影响。

表 7-9 联盟成员信任度的调节作用

变量		模型 1	模型 2	模型 3
控制变量	政府干预度	0.53	0.105	0.084
	联盟规模	−0.091	−0.114	−0.203
	职位	0.246 **	0.152	0.186
	联盟所属行业	−0.146	0.040 *	0.036
解释变量	成员信任度		0.253 **	0.269 **
	资源协同		0.270 **	0.374 **
	目标协同		0.361 **	0.201 **
	知识协同		0.293 **	0.307 **
	关系协同		−0.421 **	−0.395 **

变量		模型 1	模型 2	模型 3
解释变量	创新协同		0.383	0.432
交互项	成员信任度×资源协同			0.101**
	成员信任度×目标协同			-0.117**
	成员信任度×知识协同			-0.262**
	成员信任度×关系协同			0.105**
	成员信任度×创新协同			0.132**
模型统计量	R	0.079	0.589	0.608
	R^2	0.006	0.347	0.369
	调整后的 R^2	0.001	0.335	0.352
	ΔR^2	0.006	0.340	0.023
	ΔF	3.910*	50.182**	6.459**
	F 统计值	3.910*	30.657**	20.947**

注：**、*分别表示在 $p<0.01$、$p<0.05$ 的水平上显著。

由表 7-9 可以看出，与模型 1 相比，模型 2 的 R^2 值有显著意义的提高（$\Delta R^2 = 0.340$，$\Delta F = 50.182$），表明成员信任度对联盟稳定性具有重要的解释作用。且模型 2 和模型 3 中成员信任度的系数均为正值，表明成员信任度对稳定性具有正向的影响，H6 得到验证。与模型 2 相比，模型 3 的 R^2 值也有显著意义的提高（$\Delta R^2 = 0.023$，$\Delta F = 6.459$），表明成员信任度与资源协同、目标协同、知识协同、关系协同和创新协同的交互作用对联盟稳定性具有重要的影响。知识协同、关系协同和创新协同交互项的标准化回归系数分别为 0.101、-0.117、-0.262、0.105 和 0.132，p 值在 0.05 水平上，都达到显著，意味着成员信任度在资源协同、关系协同和创新协同与联盟稳定性间起着正向调节作用，H7、H10、H11 得到验证，成员信任度在目标协同和知识协同之间起负向调节作用，结果与 H8 和 H9 的研究假设相反，H8 和 H9 的研究假设没有得到验证。这是因为联盟成员信任度在目标协同和知识协同与稳定性之间起负向调节作用，仅仅依靠联盟成员的信任来促使联盟稳定是不够的，联盟成员可能会利用合作伙伴的信任在合作过程中出现目标一致程度不高、知识协同程度低的情况，从而导致联盟成员信任度在目标协同和知识协同与稳定性之间起负向调节作用。

为更好地分析成员信任度在资源协同、目标协同、联盟知识协同、关系协同、创新协同与稳定性之间的调节作用，分别检验在不同成员信任度的情况下，资源协同、目标协同、知识协同、关系协同、创新协同对稳定性的作用，并绘制了调节作用图，如图 7-2 至图 7-6 所示。在产业技术创新战略联盟的日常运行过程中，在成员信任度高的情况下，资源协同对联盟稳定性影响较大，意味着成员信任度高将极大提高资源协同对联盟稳定性的正向影响。对于关系协同而言，成员高信任度将极大提高关系协同对稳定性的负向影响。对创新协同而言，成员高信任度将极大提高创新协同对联盟稳定性的正向影响。对于目标协同和知识协同而言，成员信任度高会降低目标协同和知识协同对联盟稳定性的正向作用。

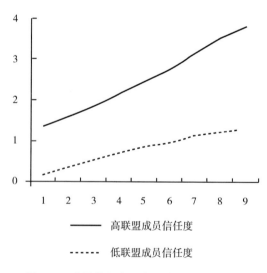

图 7-2　成员信任度对资源协同的调节作用

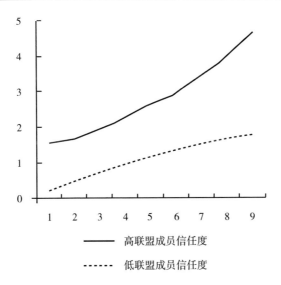

图 7-3 成员信任度对关系协同的调节作用

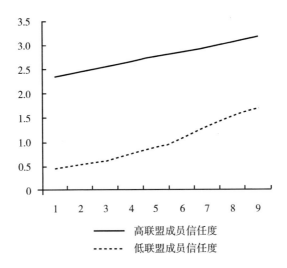

图 7-4 成员信任度对创新协同的调节作用

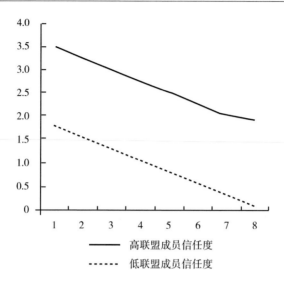

图 7-5　成员信任度对目标协同的调节作用

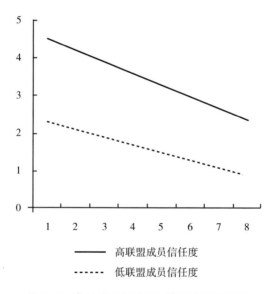

图 7-6　成员信任度对知识协同的调节作用

（四）结果分析

以上实证结果表明，联盟稳定性与资源协同、目标协同、知识协同等因素具有显著的正相关关系，与关系协同具有显著的负相关关系，与创新协同的相关性不显著。成员信任度在资源协同、关系协同、创新协同与联盟稳定性之间存在显著的正向调节作用，在目标协同、知识协同与联盟稳定性之间存在显著的负向调节作用，因而得到如下两条结论：

1. 资源协同、目标协同、知识协同、关系协同、成员信任度等因素与联盟稳定性有显著影响

（1）资源协同有助于提高联盟稳定性。若联盟成员间不存在资源互补和资源共享，或只是单向的一方为另一方提供资源，也就是共生模式中的寄生模式，将导致成员间的资源、利益冲突，不利于联盟稳定性。

（2）目标协同有助于提升联盟稳定性。联盟成员的合作要以共同的目标为基础，只有达成共同目标，联盟成员才愿意合作，为了共同的目的而奋斗，这将促进联盟的稳定发展。

（3）知识协同有助于提升联盟稳定性。协同效应的发挥要以知识协同为基础，联盟成员进行知识共享和转移，企业才能实现重大创新，联盟才会稳定发展。

（4）关系协同不利于提升联盟稳定性。当联盟成员的关系协同达到一定程度后，便会出现"搭便车"的行为，从而导致被"搭便车"的一方不满，使联盟走向破裂。

（5）创新协同对联盟稳定性的提高有一定的正向影响，但结果并不显著，这可能是联盟间利益分配不合理导致。在实现创新协同的基础上，如果利益分配机制不合理，将会存在一些有能力的企业因利益分配不均而不愿意创新，从而影响联盟稳定性。

（6）成员信任度有助于提升联盟稳定性。成员间的相互信任可以促进成

员间的相互协作，形成融洽环境，提高联盟稳定性。

2. 成员信任度在管理协同与联盟稳定性之间存在调节作用

（1）在成员信任度高的情况下，资源协同、关系协同、创新协同等对联盟稳定性的影响较大。对资源协同而言，提高成员信任度将进一步提高联盟稳定性，提高联盟运行效率；对关系协同而言，联盟成员的信任度过高将使关系协同对联盟稳定性的负向影响加剧，加速联盟不稳定性；对创新协同而言，成员信任度可以增强创新协同对联盟稳定性的正相关关系，使其由不显著变为显著，这在一定程度上表明创新协同与成员信任度的交互将进一步提高联盟稳定性。

（2）成员信任度低会加强目标协同和知识协同对联盟稳定性的正向作用，对目标协同和知识协同而言，成员间过于频繁的交流将导致联盟出现目标不一致、协同程度低等问题，从而降低联盟稳定性。

五、本章小结

上述研究验证了资源、目标、知识、关系、创新等方面的协同对联盟稳定性的影响以及成员信任度在管理协同与联盟稳定性之间的调节作用，这对政府相关部门组织制定联盟政策规定有一定的参考意义。一方面，管理协同的资源、目标等对联盟稳定的提升具有促进作用，政府可以制定相关政策或激励机制，鼓励联盟成员进行资源、知识等方面的共享，从而达到资源、目标、知识、关系、创新等的协同，实现联盟协同效应。另一方面，成员信任度在管理协同与联盟稳定性间具有调节作用，政府或组织可以搭建联盟交流平台，充分交流不仅可以产生知识碰撞，还可以加深联盟间的联系，提高成员信任度，推动联盟稳定发展。

第八章 产业技术创新战略联盟协同机制构建

基于第七章的分析结果，本章立足于产业技术创新战略联盟的资源协同、知识协同、目标协同、关系协同和创新协同五个方面，引入"共生理念"，按照创新型云南行动计划及技术创新工程的要求，注重顶层设计，选择具有云南特色和优势的代表性产业，构建产业技术创新战略联盟协同机制，从而进一步激发联盟的发展活力及内生动力，提高技术创新成果的转化效率，实现核心产业技术突破式创新，为联盟试点工作顺利开展和运行提供科学合理、更具抗风险能力的保障。

一、引入"共生理念"，共建联盟协同机制

为进一步发展产业技术创新战略联盟，平衡联盟内部合作各方的供需点和利益点，实现联盟"互利互惠，协同共生"，针对现有联盟合作行为非长期化、合作关系不稳定、战略伙伴关系尚未形成的现状，提出共生系统理论，引入"共生理念"，将联盟看作共生系统，通过寄生、偏利共生、非对称型互惠共生以及对称性型互惠共生四种关系模式，在共生环境中共生单元按照某种共生模式构成共生关系的集合，有利于促使各单位在共生系统下发挥产业集聚效应，为实现共同利益保持目标一致性，从而形成"共用资源、共享

知识，共担风险、共谋进步"的良性发展合作共生关系，促进产业技术创新战略联盟协同机制共生系统构建。

基于第七章分析可知，资源协同、目标协同、知识协同对联盟稳定性具有显著的正向影响，关系协同对联盟稳定性具有负向影响作用，创新协同对联盟稳定性的正向影响不显著，要实现管理协同的五个目标难度较大，因此有必要将"共生理念"贯穿联盟协同机制构建中，强调资源、目标、知识等方面的管理协同，这对联盟稳定性和长远发展具有一定的促进作用。一方面，构建产业技术创新战略联盟协同机制能有效完善和优化联盟管理协同体系，推动联盟间和联盟内部知识共享、资源分配、信息互换等，建立产业间、企业间知识、资源、信息"共享共用"机制，实现联盟成员合作利益最大化，促进共同进步与发展。另一方面，联盟成员间形成"同心协力、互帮互助"的合作氛围，需要产业技术创新战略联盟规范合作模式，在一定程度上抑制利己主义，强调"共生精神"和"合作共赢"理念，有利于联盟成员共同发展，实现其目标一致性，促进联盟目标协同机制构建。因此，构建产业创新战略联盟协同机制，有利于实现联盟长期稳定和共生发展，对于维持其稳定性具有重要意义。联盟共生系统运作机理如图 8-1 所示。

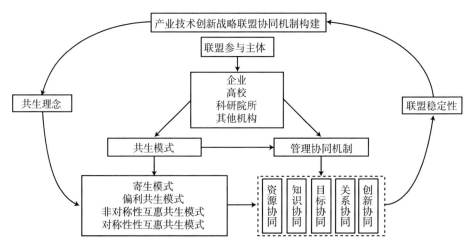

图 8-1　联盟共生系统运作机理

二、增强文化互信与交流合作，
保障资源协同机制构建

在联盟共生系统中，各共生单元之间以"利益"为纽带，形成互利互惠的共生关系（见图8-2），共生单位间存在高度的资源协同。例如，高校、科研院所和企业三者间的共生关系有利于实现人力、物力资源的优化配置。一方面，为提高自身技术水平和科研能力，高校为科研院所提供科研的主力军，同时也从科研院所引进大量具有高素质的科研人才。另一方面，科研院所从企业获取一定科研经费的同时，也推动科研成果的快速转化，从而创造更多的经济价值。此外，企业不仅能为高校提供充足的资金支持，而且能为高校培育高质量的科研人才提供方向性、指导性的建议，而高校通过对企业进行培训和为企业提供优秀的技术人才，促使企业将智力资本转化为更多、更有价值的科研成果，从而实现创新绩效和经济效益的提升。

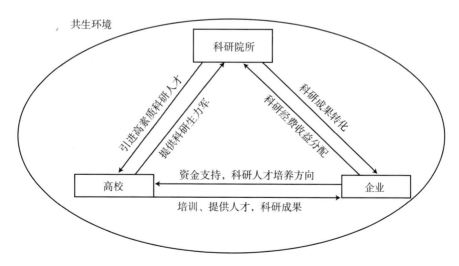

图8-2　联盟共生系统单元之间的利益关系

在联盟共生系统优势互补、利益共享的互利共生关系下，各共生单元存在优势资源的差异性，因此为促使共生系统长久有效地发展，当共生系统各共生单元进行资源共享、实现优势互补和提升共生系统整体的运行效率时，应重视各相关利益主体目标绩效的实现与利益需求的满足，并通过构建资源协同机制，促进云南省联盟的资源协同和维持联盟的长期稳定。同时，为保持联盟主体的平等地位和实现资源协同，联盟间应形成"互利互惠、相互协作、共同进步与资源共享"的文化，要求联盟共生主体间相互尊重彼此的文化、求同存异，并通过文化渗透加强联盟三大主体、三类文化的进一步合作交流与互惠信任，为实现联盟共生系统中企业、高校和科研院所的共同发展架起文化桥梁。在联盟共生系统中，高校、科研院所都应加强技术成果的文化功利性及社会适应性，强调技术成果的商业化价值，关注其长远的市场前景。同时，企业应高度重视外部创新技术资源和基础性研究，积极寻求与高校、科研院所的外部合作，形成文化互信、合作交流与资源共享的共生关系。

联盟成员间的知识资源共用与互换是促进资源协同的一种特殊途径，每个联盟共生单元以核心技术能力为基础的知识资源都具有异质性，是与其产生直接或间接作用的群体，为核心企业的创新提供配套服务，并在文化互动与学习交流中实现联盟间和联盟内部知识资源的溢出、转移与共享共用，为联盟构建资源协同机制提供获取知识技术资源的交流合作平台，如图8-3所示。

三、加快知识转移和创新成果转化，推动知识协同机制构建

现有研究表明，由于联盟的知识协同促进了不同情景下知识在不同联盟主体间进行互相转移，影响联盟的知识技术转移效果的组成因素是构建联盟

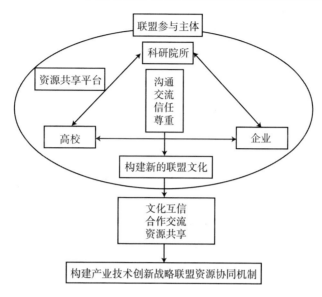

图 8-3　产业技术创新战略联盟的资源协同机制构建

知识协同机制的重要环节，因而，可从知识、联盟主体和联盟情景三个方面对知识转移效果的影响因素展开研究。从知识的角度来看，知识具有复杂性、模糊性、独立性以及知识差距等特征，是影响联盟间知识转移的主要因素。从联盟主体来看，主要包括知识溢出源和知识接收体的转移、知识接受方的学习意愿与能力，知识转移的渠道以及知识转移双方的沟通程度。从情境因素来看，联盟成员间的信任度以及组织间的文化差异、制度文化距离等需要重点考虑，具体如图 8-4 所示。

知识转移的活跃度能促进联盟稳定性。因此，为了构建联盟的知识协同机制，需要结合影响联盟间知识转移效果的主要因素（知识、联盟主体及情景因素），厘清各因素间的相互作用与影响关系，进一步加强和完善联盟知识协同机制，从而促进联盟间知识共享、转移并且最终将知识技术转化为创新成果，通过技术创新、知识积累等促进联盟学习效应、模仿效应及创新能力的提高。换言之，联盟的外部因素及内部因素影响知识协同机制构建。其中，外部因素包括法律、政策、资源、信息以及市场等，内部因素主要从创

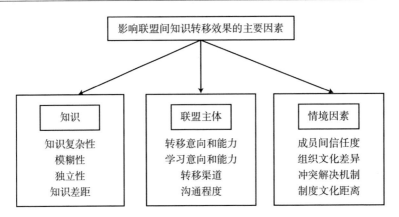

图 8-4 影响联盟间知识转移的主要因素

新能力与动力、知识转移与转化情况、内部协同状况、技术人才及创新激励等方面考虑，构建联盟知识协同机制，如图 8-5 所示。

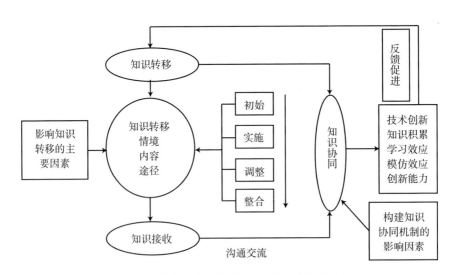

图 8-5 产业技术创新战略联盟知识转移过程

为构建产业技术创新战略联盟知识协同机制，促进联盟稳定性，更好实现联盟间知识转移和创新成果的转化，积极争取政府政策和资金支持，政府可以通过提供税费减免优惠等支持，降低联盟的成本和风险。同时，政府可为联盟的正常运行提供政策支持及法律保障，奠定联盟成员间知识转移的信任基石，从根本上打破联盟成员间的心理界限，解决成员间不信任的疑虑，加快联盟成员之间的知识转移，有效促进知识协同机制构建。此外，联盟中个体能力的简单叠加不能实现联盟资源的最优配置和合力的最大化。因此，知识协同需要加强联盟的多向沟通，因为沟通交流是知识协同机制成功实现的基础，如果没有沟通，联盟主体间的知识转移将难以实现，知识协同机制的构建将备受阻碍。有效的沟通不仅提升联盟参与主体的能力和水平，还能发挥成员的整体力量，提升成员资源的凝聚和整合力。此外，联盟成员间有效的沟通能降低知识的难度和模糊性，使专用性知识等隐性知识转变为通俗易懂的显性知识，能被联盟所有成员有效识别、理解、吸收和利用，从而促进个体知识整合为联盟整体的知识库，加快知识资源在联盟主体间的高效转移，有利于促进联盟间知识转移效率和知识整体经济效益的提高。

四、制定联盟激励办法，构建目标协同机制

产业技术创新战略联盟需要联盟成员保持高度的目标一致性，联盟稳定性和管理水平的提高离不开科学激励办法的完善，健全和完善激励办法可以通过利益驱动、优势互补、政策促进等因素，激励高校、科研院所与企业等联盟主体产生结盟意愿，形成"利益一致、目标一致"的战略联盟合作伙伴关系。下面从完善激励办法、促进联盟目标协同机制构建进行分析，并从信息共享型激励、监督激励型激励和利益分配型激励三方面对联盟激励办法的关键要素进行分析。

在联盟运行的整个阶段，信息共享型激励办法能促进联盟成员充分展示私人信息，同时共享其他联盟成员的私人信息资源，这有利于联盟主体立足

于组织目标，根据自身需求促进知识信息的转移与互换，为提高联盟运行有效性和联盟主体间的透明度奠定良好的基础；监督激励型激励办法不仅考虑联盟成员个人的效用最大化，同时考虑机会主义等行为的风险及后果，能有效避免联盟成员因关系协同程度高而存在的"搭便车"行为和机会主义倾向，从而为联盟目标实现提供保障；利益分配型激励办法以联盟成员的共同利益为前提，体现联盟成员成本与收益的关系，保障联盟成员的工作获得丰厚收益回报，为联盟的可持续发展做出重大贡献。基于联盟激励的概念可知，激励办法的实施过程就是联盟间与联盟成员间充分互动的过程。总之，以上三种激励办法在内容上相辅相成、相互补充。在联盟激励办法的基础上设计联盟激励办法的运行框架如图8-6所示。

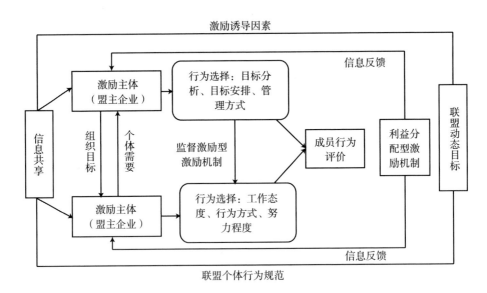

图8-6 产业技术创新战略联盟激励办法运行框架

五、厘清联盟利益分配关系，促进关系协同机制构建

　　利益分配是维护联盟稳定性的重要驱动因素，联盟成员既希望整体利益最大化，也希望个体利益得到最大满足，只有公平、公正地进行利益分配，才能激发联盟主体创新的积极性与主动性，促进联盟创新研发成果的产生，提高联盟的稳定性。相反，如果联盟成员感到利益分配不公平，将会降低成员信任度甚至瓦解联盟。影响联盟利益分配的因素主要有三个：①投入资源的价值；②对技术创新能力的贡献程度；③联盟运行的风险。固定收益分配会增加机会主义的可能性，不利于维护联盟的稳定性，因此须采用共享收益，遵循对称性分配、利益与风险匹配、共生群体与共生单元合理性，以及充分协商原则促进关系协同机制的构建，以保持联盟稳定。影响联盟中各主体利益分配的主要因素和作用机理如图 8-7 所示。

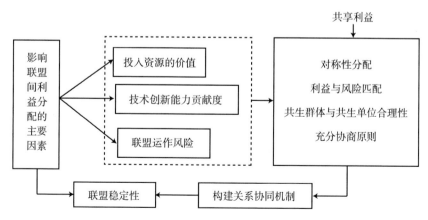

图 8-7　影响产业技术创新战略联盟利益分配的主要因素及作用机理

综上所述，构建关系协同机制需要厘清联盟成员之间的利益分配关系，从而建立健全良好的利益分配机制。联盟共生系统的利益分配主体由企业、政府、高校与科研院所、其他机构群体等共生单元组成，联盟成员间通过合作创新开展的价值创造活动获得的总体收益称为联盟成员的共同利益，其核心理念是联盟成员在共同利益的驱使下，以高度一致的利益为共同发展的关系纽带，通过参与成员的合作和集成实现"多赢"，强调联盟成员应形成高度合作的关系，在保证联盟整体利益最大化的前提下，实现联盟成员个体利益最大满足。联盟中各主体利益的构成关系如图8-8所示。

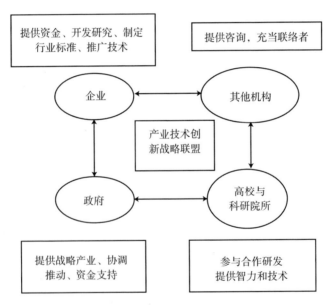

图8-8 产业技术创新战略联盟利益主体构成关系

联盟成员之间存在"正和"博弈的合作关系，在联盟共生系统中，联盟成员只有选择建立长期密切的合作关系，才能有效提高成员间的信任度，促进联盟关系协同，提升稳定性，从而实现联盟整体及成员各自的利益最大化。为了更好地理解联盟成员之间的合作关系，假设联盟仅由企业A和企业B两个联盟成员组成，成员可以选择合作或者不合作的战略，则双方的博弈支付矩阵如表 8-1 所示。

表 8-1 联盟成员支付矩阵

联盟成员 A	联盟成员 B		
	战略空间	合作	不合作
	合作	(R_1，R_1)	(R_2，R_3)
	不合作	(R_3，R_2)	(R_4，R_4)

表 8-1 中的数值大小排序为 $R_3 > R_1 > R_4 > R_2$，当联盟中企业 A 选择不合作而企业 B 选择合作战略时，企业 A 可以利用企业 B 的合作来获取额外利益，得到 $R_3 > R_1$。如果企业 A 和企业 B 均选择不合作战略，双方虽然都能保护自身的利益不受影响，但收益也不会高于双方都选择合作战略时产生的收益，即 $R_4 > R_2$，这时联盟成员会陷入"囚徒困境"，则双方在经过对自身和对方的决策推演后会采取（不合作，不合作）的方式，这是唯一的纳什均衡解。若将该博弈延伸成无限重复博弈模型，即联盟成员将保持长期的合作关系，那么该博弈的结果将会改变。因此，为了构建基于利益分配的关系协同机制，应从动态发展和全局高度分析联盟成员之间的利益关系，对成员及涉及的各外部相关方利益进行分析，确保各方利益均得到合理分配，促使联盟成果最大化地被成员和相关方使用。另外，联盟还应成立独立机构，该机构要与主要利益相关者保持沟通联系，保证尽可能客观地进行利益分配，实现联盟更稳定、更有效地发展。

六、优化联盟绩效评价，促进创新协同机制构建

对联盟创新绩效进行评价是对其发展的评定和认可，是绩效控制的方式，

也是鼓励联盟创新的重要途径。其作为联盟创新协同机制构建的标准，可根据联盟的绩效评价结果对创新状况进行动态调整和择优支持，做到对创新绩效高的联盟加大扶持力度，对创新绩效低的联盟责令整改或减少扶持力度，从而形成"优胜劣汰"的良性竞争机制。同时，联盟创新绩效评价可以使成员单位对联盟的创新运行状况有客观认识，根据创新绩效评价结果进行宏观调控和微观把握，设计更加科学、合理的联盟创新协同机制，以确保联盟成员实现共同战略目标，从而提高联盟整体的创新绩效和创新水平。因此，优化联盟创新绩效评价已成为实现联盟创新突破和协同机制构建的重要保障，对于构建联盟创新协同机制具有重要意义。

绩效评价是指导相关管理政策提出的依据，联盟管理层可以结合绩效评价方法，通过分析和借助绩效评价结果，优化联盟管理方式与模式，制定更为合理、有效的发展政策和措施，从而促进联盟创新协同机制的构建。因此，构建联盟创新协同机制，需要在一定绩效考核指标的构建原则指导下，建立健全有效的联盟绩效评价指标体系，选择适当的绩效评价方法，根据绩效评价指标体系对联盟整体和成员的创新绩效进行客观评价，这对于联盟创新非常必要且十分有效。从构建联盟创新协同机制的角度来看，优化联盟绩效评价应结合联盟布局（产业、技术选择、空间及领域布局）、加大支持（科研计划、资金及平台支持）与加强监管（监管方式、重点）等方面，通过优化联盟绩效评价体系对联盟稳定性、风险协调与共担、收益分配与信任机制、创新绩效等进行准确分析和客观评价。

此外，为促进产业技术创新战略联盟协同机制的构建，有必要在整个联盟系统中建立组织间的学习机制并贯穿始终，只有知识掌握在更多人的手中，才能使其效用和创新绩效最大化，并且在学习过程中，知识、技术和资源在联盟中流通，能够促进联盟成员对现存知识资源的评判、选择和重构，提高知识资源的利用效率，提高企业的创新效率和创新产出。因此，学习机制的建立不仅促进联盟共生单元的知识整合，提升与其他共生单元作用时的知识溢出能力，也能督促整个共生系统网络的外部知识溢出，增强整个生态系统整体的知识储备存量，降低能力受限资源的负向影响效应，为联盟技术创新提供有力支撑，推动联盟创新协同机制的构建。具体如图8-9所示。

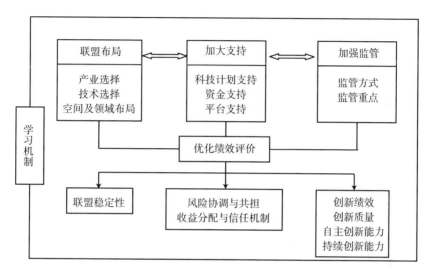

图8-9 优化联盟绩效评价运行体系

七、加强风险预警机制建设，确保联盟协同机制构建

构建联盟协同机制涉及的相关利益主体有企业、政府、高校、科研院所与其他机构等，这些联盟主体在经济实力、管理能力、研发能力、知识结构、创新水平等方面均存在差异，也具有各自相对优势，使联盟协同机制的建设和运行涉及的组织关系与人员管理比较复杂，存在较大风险。因此，建立联盟风险预警机制对于构建联盟协同机制至关重要，因为完善的风险预警机制能有效规避联盟在运行过程中面临的部分风险，提高联盟整体运行效率，确保联盟协同机制的顺利建设与运行。

具体而言，为建立风险预警机制，确保联盟协同机制构建，产业技术创新战略联盟应采取如下措施，以制定科学、切实可行的预警机制。首先，联盟应及时对信息反馈及预警机制进行修正，以适应和应对联盟快速变化的内部和外部环境。其次，信息反馈及预警机制修正需要考虑预警机制的设计过程，能确保信息反馈及预警机制的有效性，该过程包括的环节有：明晰联盟涉及的风险类别，提高联盟对内、外部风险的识别能力，确定联盟的风险预警评价指标，完善风险综合评价体系，确保风险等级输出及采取一系列可靠的防控措施等。其中，联盟风险类别涉及重大环境风险、成员选择风险、经营战略风险及重大项目风险四大类，产业技术创新战略联盟需高度重视风险类别，只有对联盟风险类别进行准确的判断和分析，才能把握联盟风险的总体变化趋势，及时调整相关政策，确保风险预警方案的准确性、时效性与科学性。联盟风险管理机制的构建如图 8-10 所示。

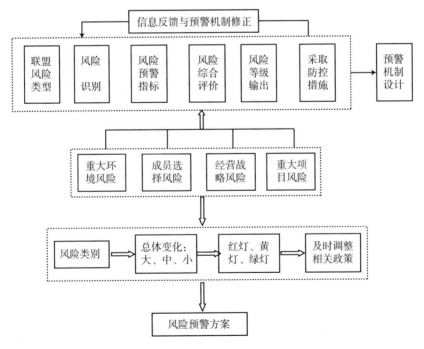

图 8-10　产业技术创新战略联盟风险预警机制构建

八、本章小结

　　本章从联盟管理协同的五个方面出发，对联盟协同机制构建进行深入的探讨，为构建产业技术创新战略联盟协同机制提出了科学、合理的办法及措施，研究结果对产业技术创新战略联盟协同机制的构建具有一定的参考和借鉴意义。一方面，"共生理念"贯穿联盟协同机制构建的始终，促使联盟参与主体共同发展，互利互惠，有利于联盟机制构建；另一方面，增强联盟间的文化互信与交流合作，加快知识转移和创新成果转化，建立联盟激励办法，厘清联盟利益关系，优化联盟绩效评价，可以推动联盟资源协同、知识协同、目标协同、关系协同及创新协同机制的构建，有利于促进联盟管理协同，最终构建联盟协同机制。此外，为确保联盟协同机制构建，需建立完备的风险预警机制，对全过程进行风险识别、风险预警、风险防范、控制及风险处理，以提高联盟的稳定性。

第九章 结论与建议

经过全书分析可知，联盟的运行模式、管理机制与运行绩效之间呈现显著正相关关系，为了更好地促进产业技术创新战略联盟的建设和发展，应从联盟运行模式、利益分配、风险共担等方面着手，以实现不断提升产业技术创新战略联盟运行绩效的目标。综上而言，本书得出如下结论并提出相应的政策建议。

一、研究结论

（一）联盟的投入产出率较高

一是联盟内部研发投入高。云南省联盟内企业得益于联盟带动效应，普遍较为重视技术、研发创新，在研发阶段的投入较高。企业研发投入占营业收入的比重均值达 3.78%，企业内占比差异较小。二是联盟内企业的投入产出率优于联盟外企业。通过比较联盟内外企业投入指标均值（如技术员工比例、经费投入比例等）、产出指标均值（如专利申请数量、财务效率等），表明联盟内企业的产出高于联盟外企业。

（二） 联盟的成果呈现滞后性

一是企业创新效率和能力得以提升。联盟内部企业的专利数据等指标均高于未参与联盟的企业，联盟内部的运行模式、管理机制和运行绩效之间存在显著正相关关系，参与联盟有助于企业内部创新能力与创新效率提高。二是企业技术创新存在滞后性。从联盟内外企业的综合效率指标均值来看，联盟内部企业的创新效率从低于联盟外企业至稳步的提升，再至一年后超过联盟外企业，体现出企业创新产出较投入存在一定的滞后。

（三） 管理效率有待提升，沟通机制有待建立

一是联盟管理效率有待提升。根据所构建的效率指标值，规模递增的企业不及40%，说明联盟内部分企业存在管理效率低的问题，在规模提升的同时产出没有同步提高。二是联盟间缺乏有效交流机制。联盟之间的交流较少，缺乏定期的沟通交流，有效的交流机制有待建立。同时，联盟参与科技主管部门组织活动的随意性较大，相关责任部门没有制定定期的例会制度。

（四） 联盟稳定性的影响因素效果各异

资源协同、目标协同、知识协同、关系协同、创新协同五因素与联盟稳定性之间均存在显著的相关关系。一是协同效应的发挥要以知识协同为基础。联盟成员间进行知识共享和转移，企业实现重大创新的可能性才会提升。二是创新协同对联盟稳定性的提高没有产生显著的正向影响。这一研究结果可能是联盟间利益分配不合理而导致，为制定联盟稳定性策略提供理论支持。

（五） 成员信任度有效调节管理协同与联盟稳定性的关系

一是成员信任度增加创新协同、关系协同与资源协同等对联盟稳定性的影响。成员信任度可增强资源协同对联盟运行效率提升的影响，增强关系协

同对联盟稳定性提升的影响，增强创新协同对联盟稳定性的正相关关系。二是成员低信任度加深目标协同和知识协同对联盟稳定性的正向影响。过高的成员信任度、成员间过于频繁的交流对实现联盟稳定性会产生不利的影响。

二、政策建议

（一）成立领导小组，组建管理服务机构

一是加强顶层设计，成立产业技术创新战略联盟领导小组。政府牵头成立联盟领导小组，成员由政府各职能部门相关负责人构成。领导小组通过制定云南省联盟发展战略规划，监督试点方案的组织实施情况，并统一协调、解决联盟发展过程中的相关问题。二是明晰职能定位，建立产业技术创新战略联盟的专门管理服务机构。联盟管理服务机构要以市场为导向，为企业提供一站式服务。通过对联盟管理服务机构进行科学定位，把职能划分为管理职能、中介职能、公益服务职能，帮助解决云南省联盟发展中的实际难题，从顶层设计方面确保联盟顺利运行。

（二）优化联盟外部环境，加大联盟扶持力度

一是联盟利益协同的政策扶持。政府应起到牵头作用，通过制定产业倾斜政策，在经济开发区设立吸引技术水平高、经济实力强的产业集群，建设联盟基地。云南省科技厅等相关主管部门应进一步加大对联盟的经费投入，落实国家有关的政策法规，完善利益协同服务体系建设。二是引导产业发展方向。云南省科技厅、云南省财政厅等相关部门应根据省内经济社会发展情况，逐步制定和完善区域战略政策。同时，围绕省内重点支柱产业与战略性

新兴产业转型升级的要求，参照相关规定规范和执行各个项目，对符合地方经济特色发展、有益于优势资源整合的相关项目给予重点支持。

（三） 立项申请与后续管理并重，提高联盟协同质量

一是规范产业技术创新战略联盟运行流程，强化管理协同。首先，运用多种管理手段促进联盟协同整合，在不同阶段合理分配优势企业。其次，立足全局，把握联盟的发展方向，协调联盟成员的关系，对发展中存在的问题及时规避与修正，确保联盟长期稳定发展。二是实行后续管理常态化、制度化。在云南省科技厅设立联盟管理办公室，推动后续管理常态化、制度化，实现申请与后续管理有机结合。

（四） 改良与攻关并进，实现联盟创新性

一是组建一批"卡脖子技术"攻关联盟。为加快落实云南省《关于加快构建现代化产业体系的决定》的战略部署，对接万亿级支柱产业、千亿级优势产业对重大科技创新的新需求，着力解决"卡脖子"技术，在全省范围内围绕产业链加速组建一批"卡脖子"技术攻关联盟。二是建立"资金跟随项目走"机制。根据产业链围绕产业带、创新链围绕产业链的要求，资金链紧密围绕重大创新链，资金优配重大攻关项目和"卡脖子"技术项目，服务云南省"八大重点产业"和"三张牌"战略。

（五） 走可持续发展道路，塑造新型发展理念

一是鼓励联盟探索内部可持续发展的方式和载体。政府应鼓励通过设立联盟会费制度、创新基金等，深化科技金融合作。在协同平台方面，协调政府及相关部门，扶持有条件的联盟整合成员间的优势资源，建立国家、省级重点实验室等。同时，重视联盟内部资源共享平台的搭建，增强企业、高校与科研院所间的信息交流。二是营造有益于可持续发展的外部氛围。在联盟

的创建和发展中规范成员行为，确定知识产权的归属与利益分配，加强地方政策与中央政策的衔接和配套。通过创新资源、公共技术的共享平台，促进信息、大型仪器设备等资源共享。

（六）制定跟踪考核制度，实现联盟动态管理

一是加强对联盟的考核评估和奖励，严防投机行为。首先，制定产学研联盟评价指标体系，作为云南省试点联盟的选择和考核依据。其次，对纳入试点的联盟按年度进行考核，对成绩突出的联盟给予表彰奖励，对连续两年工作没有明显进展的联盟取消试点资格。二是关注结果管理和考核，创新联盟合作运行机制。对于联盟间的合作成果应以结果、考核为导向，激励各联盟积极创新，区别成员单位与联盟的技术创新成果。

（七）打造联盟协同文化，促进成员互相交流

一是建立跨主体文化交流机制。首先，通过人员交流、情报互通、高层互访等制度，加强企业间交流。其次，在联盟内部建立从上至下、连贯畅通的沟通机制，形成组织与渠道，增强跨主体间的文化沟通。二是实现文化协同，提升文化创新。强化联盟内成员对共同目标的认知和相互之间的理解，构建能被广泛接纳的共同价值观念，促使文化协同，有效降低成员间的冲突与摩擦，加强成员间的信任与合作。

（八）推动联盟开放，内外兼修共生发展

一是要对行业创新主体开放。首先，通过对行业创新主体（如高校、科研院所、中小企业等）的开放，联盟可以建立更加广泛的联系。其次，联盟的开放还应当开阔视野，实现对全球相关领域的企业的开放，参与区域及全球范围的技术研讨和会议等。二是积极推行"本地盟员+外地盟员"机制。积极吸纳省外优质企业、科研院所入盟，充分发挥其创新引领作用，实现省

内外盟员共生发展。

（九）资源信息互通共享，构建人才培育体系

一是建立信息共享机制。利用网络平台发布技术和人才需求信息，高校和科研院所公布各类科技资源，避免研发资源重复使用，实现信息资源的共享。二是构建多层次人才培育体系。通过联盟间的联合培育与充分考察，构建全覆盖、系统性的人才培育计划与体系，培育一批既具有高质量创新能力，又具有发展潜力的技术带头人与后备人才，支撑云南省联盟创新效率的提升与高质量发展。

（十）搭建成果转化平台，实现联盟应用性

一是组建成果转化领导小组，明晰成果的产权归属与利益分享。由云南省科技厅统筹，联盟管理办公室负责，组建成果转化专项工作小组，相关部门要进一步明晰联盟成果的产权归属，完善成果转化中利益分享机制。二是搭建成果转化应用、科技资源共享服务平台。为打通联盟成果转化的"最后一公里"，合力打造成果转化应用知识共享平台，加速资本与知识的有机结合。全力打造彰显云南产业特色的科技资源共享服务平台，下好云南产业创新高质量发展的"先行棋"。

参考文献

[1] Ahuja G. Collaboration networks, structural holes and innovation: A longitudinal study [J]. Academy of Management Annual Meeting Proceedings, 1998, 1998 (1): D1-D7.

[2] Aharoni Y, Brock D M. International business research: Looking back and looking forward [J]. Journal of International Management, 2010 (16): 5-15.

[3] Alphey N, Bonsall M B, Alphey L. Combining pest control and resistance management: Synergy of engineered insects with btcrops [J]. Journal of Economic Entomology, 2009, 102 (2): 717-734.

[4] Angeles R, Nath R. Partner congruence in electronic data interchange (EDI) —Enabled relationships [J]. Journal of Business Logistics, 2001, 22 (2): 109-127.

[5] Anklam E, Gadani F, Heinze P, Pijnenburg H, Eede G V D. Analytical methods for detection and determination of genetically modified organisms in agricultural crops and plant-derived food products [J]. European Food Research & Technology, 2002, 214 (1): 3-26.

[6] Auh S. The effects of soft and hard service attributes on loyalty: The mediating role of trust [J]. Journal of Services Marketing, 2005, 19 (2): 80-92.

[7] Bamford J D. Mastering alliance strategy: A comprehensive guide to design, management, and organization San Francisco [M]. Calif, John Wiley & Sons, Inc. (US), 2003.

［8］Baum J A C , Calabrese T , Silverman B S . Don't go it alone：Alliance network composition and startups' performance in Canadian biotechnology ［J］. Strategic Management Journal, 2015, 21 （3）：267-294.

［9］Birnbirg. Using strategic alliances to make decisions about investing in technological innovations ［J］. International Journal of Management, 2006, 23 （1）：195-197.

［10］Bruhn. Strategic alliance attracting：A game theory and transaction cease examination of interterm cooperation ［J］. Academy of Management Journal, 1995 （36）：794-829.

［11］Blumenthal D, Mitchell C E, Pysek P, Jarosík V. Synergy between pathogen release and resource availability in plant invasion ［J］. Proceedings of the National Academy of Sciences of the United States of America, 2009, 106 （19）：7899.

［12］Bamel N, Pereira V, Bamel U, Cappiello G. Knowledge management within a strategic alliances context：Past, present and future ［J］. Journal of Knowledge Management, 2021 （10）.

［13］Caldeira J, Carlos C, CIaudia-Melania M, Manuel J. Strategic alliances and innovation projects success ［C］. The ISPIM 2003 Conference, 2003.

［14］Calantone R J, Zhao Y S. Joint ventures in China：A comparative study of Japanese Korean, and U. S. partners ［J］. Journal of International Marketing, 2001, 9 （1）：1-23.

［15］Ybarra C E, Thomas A Turk. The evolution of trust in information technology alliances ［J］. Journal of High Technology Management Research, 2009 （20）：62-74.

［16］Culpan R. A fresh look at strategic alliances：Research issues and future directions ［J］. International Journal of Strategic Business Alliances, 2009 （1）：4-23.

[17] Costa E, Silva S, Bradley F, Sousa C M P. Empirical test of the trust-Performance link in an international alliances context [J]. International Business Review, 2012 (21): 293-306.

[18] Chen W J, Brennan L, Zeng D M. Exploring supply chain collaborative innovation: Evidence from China [J]. Irish Journal of Management, 2013, 32 (2): 5-27.

[19] Chaffeebates K M. A comparison of the role of task, goal & bond in the therapeutic alliance with clients diagnosed with ADHD [J]. Dissertations & Theses-Gradworks, 2011, 35 (17): 12-35.

[20] Chu Z. The formation of goal and factors influencing russian foreign alliance: Perspectives of power structure, georelations and ideology [J]. Russian Studies, 2015, 2 (3): 1842-1857.

[21] Das T K, Teng B S. Risk types and interfirm alliance structures [J]. Academy of Management Proceedings, 1996 (1): 11-15.

[22] Das S, Klotz M, Klocke F. EDM simulation: Finite element-based calculation of deformation, microstructure and residual stresses [J]. Journal of Materials Processing Tech, 2003, 142 (2): 434-451.

[23] David F, Disne L, John V. A real options approach to valuing strategic edibility in uncertain construction projects [J]. Construction Management and Economics, 2003, 20 (7): 343-351.

[24] Dai B, Shu C. Review of the performance research of strategic alliance for industrial technology innovation in the view of government [J]. Science & Technology Management Research, 2014 (1).

[25] Dubberly H. Toward a model of innovation [J]. Interactions 15, 2008 (1): 28-34.

[26] Fadol Y Y, Sandhu M A. The role of trust on the performance of strategic alliances in a cross-cultural context: A study of the UAE [J]. Benchmarking

An International Journal, 2013, 20（1）：106-128.

[27] Freitas I M B, Marques R A, Silva E M D P E. University-industry collaboration and innovation in emergent and mature industries in new industrialized countries [J]. Research Policy, 2013, 42（2）：443-453.

[28] Faems D, Janssens M. Alliance portfolios and innovation performance connecting structural and managerial perspectives [J]. Group Organization Management, 2012, 2（37）：41-268.

[29] Glaister K W, Buckley P J. Strategic motives for international alliance formation [J]. Journal of Management Studies, 1996（33）.

[30] Gica O A. Strategic alliances between companies and universities: Causes, factors and advantages [EB/OL]. http：//www. univie. ac. at/EMNET/download/BacilaGica. doc, 2004.

[31] Gill J, Butler R J. Managing instability in cross-cultural alliances [J]. Lon Range Planning, 2003, 36（6）：543-563.

[32] Geringer J M, Hebert L. Measuring performance of international ventures [J] . Journal of International Business Studies, 1991（22）：249-263.

[33] Gloor P A, Paasivaara M, Schoder D. Finding collaborative innovation networks through correlating performance with social network structure [J]. International Journal of Production Research, 2008, 46（5）：1357-1371.

[34] Griffth D A, Dimitrova B V. Business and cultural aspects of psychic distance and complementarity of capabilities in export relationships [J]. Journal of International Marketing, 2014, 22（3）：50-67.

[35] Gulati R. Social structure and alliance formation patterns: A longitudinal analysis [J]. Administrative Science Quarterly, 1995, 40（4）：619-652.

[36] Hardy L, Jespers V, Abdellati S, De B I, Mwambarangwe L, Musengamana V, et al. A fruitful alliance: The synergy between Atopobium vaginaeand gardnerella vaginalisin bacterial vaginosis-associated biofilm [J]. Sexually Trans-

mitted Infections, 2016, 92 (7): 487-491.

[37] Hitt M A, Dacin M T, Levitas E, et al. Partner selection in emerging and developed market contexts: Resource-based and organizational learning perspectives [J]. Academy of Management Journal, 2000 (1).

[38] Hitt M A, Bierman L, Shimizu K . Direct and moderating effects of human capital on strategy and performance in professional service firms: A resource-based perspective [J]. Academy of Management Journal, 2001, 44 (1): 13-28.

[39] Hill W R, Roberts B J, Francoeur S N, Fanta S E. Resource synergy in stream periphyton communities [J]. Journal of Ecology, 2015, 99 (2): 454-463.

[40] Hill M J, Mathers K L, Wood P J. The aquatic macroinvertebrate biodiversity of urban ponds in a medium-sized European town (Loughborough, UK) [J]. Hydrobiologia, 2015, 760 (1): 1-14.

[41] Delerue H. Relational risk perception and alliance management in French biotechnology SMEs [J]. European Business Review, 2005, 17 (6): 532-546.

[42] Heimeriks K H, Bingham C B, Laamanen T. Unveiling the temporally contingent role of codification in alliance success [J]. Strategic Management Journal, 2015, 36 (3): 462-473.

[43] Huang J, Luo L N, Chen Z X. A study on the relationship between alliance contract control and R&D alliance risk—The mediating effect of mutual trust [J]. Studies in Science of Science, 2012, 16 (1): 1732-1748.

[44] Ioannidis A. Leveraging knowledge, learning and innovation in forming strategic government-university-industry (GUI) R&D partnerships in the US, Germany and France [J]. Technovation, 1999 (20): 477-488.

[45] Ishida C, Brown J R. The crowding out effects of monitoring in franchise relationships: The mediating role of relational solidarity [J]. Journal of Marketing Channels, 2011, 18 (1): 19-41.

[46] Inkpen A C, Beamish P W. Knowledge, bargaining power, and the in-

stability of international joint ventures［J］. Academy of Management Review, 1997, 22（1）: 177-202.

［47］Jarillo J C . On strategic networks［J］. Strategic Management Journal, 1988, 9（1）: 31-41.

［48］Jackson M O, Watts A. The evolution of social and economic networks［J］. Journal of Economic Theory, 2012, 106（2）: 265-295.

［49］Jarvenpaa S L, Majchrzak A. Research commentary—vigilant interaction in knowledge collaboration: Challenges of online user participation under ambivalence［J］. Information Systems Research, 2010, 21（4）: 773-784.

［50］Jiang Z S, Hao Y H. Game analysis of technology innovation alliance stability based on knowledge transfer［J］. Computational & Mathematical Organization Theory, 2013, 19（4）: 403-421.

［51］Julia C. Guest editors' introduction: Collaborative innovation networks for competitive advantage［J］. Journal of Advanced Manufacturing, 2009, 9（2）: 482-490.

［52］Davis J P, Kathleen M. Rotating leadership and collaborative innovation: Recombination processes in symbiotic relationships［J］. Administrative Science Quarterly, 2011, 56（2）: 159-201.

［53］Jiang X, Li Y, Gao S. The stability of strategic alliances: Characteristics, factors and stages［J］. Journal of International Management, 2008, 14（2）: 173-189.

［54］Jaron A, Mihailovic A, Aghvami A, Jaron A, Mihailovic A, Aghvami A, et al. Architectural principles for synergy of self-management and future internet evolution［J］. ICT Mobile Summit, 2009, 9（11）: 1245-1263.

［55］Jun M. A study on the stability of contract-based knowledge aliance［J］. Journal of Applied Sciences, 2013, 13（2）: 5057-5063.

［56］Cullen J B, et al. Success through commitment and trust: The soft side of strategic alliance management [J]. Journal of World Business, 2000 (1).

[57] Jakobsen S. Managing tension in coopetition through mutual dependence and asymmetries: A longitudinal study of a Norwegian R&D alliance [J]. Industrial Marketing Management, 2020, 84 (7): 251-260.

[58] Karlenzig W, Patrick J. Tap into the power of knowledge collaboration [J]. Customer Inter, 2002, 8 (5): 1571-1583.

[59] Kahn K B. Market orientation, interdepartmental integration, and product development performance [J]. Journal of Product Innovation Management, 2001, 18 (5): 314-323.

[60] Krippendorff K. Reliability in content analysis [J]. Human Communication Research, 2004 (30): 411-433.

[61] Smith K L. The relations between transaction characteristic, trust and risk in the Start-up phase of a collaborative alliance [J]. Management Accounting Research, 2008, 19 (4): 344-364.

[62] Killing P. Strategies for joint venture success [J]. RLE International Business, 2012, 26 (29): 1345-1361.

[63] Kale P, Singh H. The stability of strategic alliance: Characteristics, factors and stages [J]. Journal of International Management, 2008 (14): 173-189.

[64] Kim H S, Choi S Y. Technological alliance portfolio configuration and firm performance [J]. Review of Managerial Science, 2014, 8 (4): 541-558.

[65] Kahn K B. Interdepartmental integration: A definition with implications for product development performance [J]. Journal of Product Innovation Management, 1996, 13 (2): 140-155.

[66] Keshmiri S, Payandeh S. Toward opportunistic collaboration in target pursuit problems [J]. International Conference on Autonomous and Intelligent Systems, 2011, 19 (2): 1443-1458.

[67] Lunnan R, Haugland S A. Predicting and measuring alliance perfor-

mance：A multidimensional analysis ［J］. Strategic Management Journal，2008，29（5）：545-556.

［68］ Luo X W，Deng L N. Do birds of a feather flock higher? The effects of partner similarity on innovation in strategic alliances in knowledge-intensive industries ［J］. Journal of Management Studies，2009，46（6）：1005-1030.

［69］ Luo Y，Liang B. Distribution of interests of technological alliance based on shapely value method ［J］. Value Engineering，2011（1）.

［70］ Lusher D，Robins G，Pattison P E，Lomi A. "Trust Me"：Differences in expressed and perceived trust relations in an organization ［J］. Social Networks，2012，34（4）：410-424.

［71］ Lee H，Kim D，Seo M. Market valuation of marketing alliances in East Asia：Korean evidence ［J］. Journal of Business Research，2013（66）：2492-2499.

［72］ Leischnig A，Geigenmueller A，Lohmann S. On the role of alliance management capability，organizational compatibility，and interaction quality in interorganizational technology transfer ［J］. Journal of Business Research，2014，67（6）：1049-1057.

［73］ Li M，Nguyen B. When will firms share information and collaborate to achieve innovation?：A review of collaboration strategies ［J］. Bottom Line，2017，30（1）：65-86.

［74］ Lomi A，Fonti F. Networks in markets and the propensity of companies to collaborate：An empirical test of three mechanisms ［J］. Economics Letters，2012，114（2）：216-220.

［75］ Lloyd K，Wright S，Suchet Pearson S，Burarrwanga L，Country B. Reframing development through collaboration：Towards a relational ontology of connection in Bawaka，North East Arnhem Land ［J］. Third World Quarterly，2012，33（6）：1075-1094.

［76］ Porter M E. The Competitive Advantage of Nations ［M］. New York：

Free Press, 1990.

[77] Morasch K . Strategic alliances as stackelberg cartels – concept and equilibrium alliance structure [J]. International Journal of Industrial Organization, 2000, 18 (2): 257–282.

[78] Mccutchen J W , Swamidass P M, Teng B. Strategic alliance termination and performance: The role of task complexity, nationality, and experience [J]. The Journal of High Technology Management Research, 2008, 18 (2): 191–202.

[79] Mcnair L D, Paretti M C, Davitt M. Towards a pedagogy of relational space and trust: Analyzing distributed collaboration using discourse and speech act analysis [J]. IEEE Transactions on Professional Communication, 2010, 53 (3): 233–248.

[80] Monteiro A, Carvalho Vania, Oliveira Teresa, Sousa Carlos. Excess mortality and morbidity during the July 2006 heat wave in Porto, Portugal [J]. International Journal of Biometeorology, 2013 (14): 123–145.

[81] Nader. The institutional arrangements of innovation: Antecedents and performance effects of trust in high – tech alliances [J]. Industry & Innovation, 2005, 15 (1): 45–67.

[82] Nielsen B B, Gudergan S. Exploration and exploitation fit and performance in international strategic alliances [J]. International Business Review, 2012 (21): 558–574.

[83] Nalewaik A, Mills A, Mendez M, Davis P. Alliance contract monitoring: Auditing cost management behaviours in alliance projects [J]. Rics Cobra Conference / Aubea Conference, 2015, 24 (16): 1287–1291.

[84] Nowotarski P, Paslawski J, Matyja J. Improving construction processes using lean management methodologies—Cost case study [J]. Procedia Engineering, 2016 (161): 1037–1042.

[85] Nguyen L, Srinivasan V. A stagewise model of trust development in stra-

tegic alliances [J]. Academy of Management Annual Meeting Proceedings, 2014 (1).

[86] Ogier T. Delta - Gol alliance: Delta scores a Brazilian goal ahead of World Cup [J]. Latin Trade, 2012, 11 (61): 31-52.

[87] Parkhe A. Strategic alliance structuring: A game theory and transaction cost examination of inter-firm cooperation [J]. Academy of Management Journal, 1993 (36): 794-829.

[88] Pan K L, Bai L H. Study on management synergy mechanism [J]. Chinese Journal of Systems Science, 2006, 17 (28): 182-201.

[89] Qing Z, Weijing D, Wenhui H. Technological standard alliance in China: Partner selection and innovation performance [J]. Journal of Science and Technology Policy in China, 2012 (1).

[90] Serrano. Collaborative innovation in ubiquitous systems [J]. International Manufacturing, 2007 (18): 599-615.

[91] Shakeri R, Radfar R. Antecedents of strategic alliances performance in biopharmaceutical industry: A comprehensive model [J]. Technological Forecasting and Social Change, 2017 (122): 289-302.

[92] Shariat S F, Zlotta A R, Ashfaq R, Sagalowsky A I, Lotan Y. Cooperative effect of cell-cycle regulators expression on bladder cancer development and biologic aggressiveness [J]. Mod Pathol, 2007, 20 (4): 445-459.

[93] Schnur J B, Montgomery G H. A systematic review of therapeutic alliance, group cohesion, empathy, and goal consensus/collaboration in psychotherapeutic interventions in cancer: Uncommon factors? [J]. Clinical Psychology Review, 2010, 30 (2): 238-247.

[94] Schmit E L. The relationship between working alliance and therapeutic goal attainment in an adolescent inpatient, acute care behavioral hospital [J]. Dissertations & Theses-Gradworks, 2015, 42 (6): 1341-1352.

[95] Schreiner M, Kale P, Corsten D. What really is alliance management capability and how does it impact alliance outcomes and success? [J]. Strategic Management Journal, 2009, 30 (13): 1395-1419.

[96] Schilke O, Goerzen A. Alliance management capability: An investigation of the construct and its measurement [J]. Journal of Management, 2011, 36 (5): 1192-1219.

[97] Suprapto M, Bakker H L M, Mooi H G. Relational factors in owner-contractor collaboration: The mediating role of teamworking [J]. International Journal of Project Management, 2015, 33 (6): 1347-1363.

[98] Teng D B S . Instabilities of strategic alliances: An internal tensions perspective [J]. Organization Science, 2000, 11 (1): 77-101.

[99] Teece D J . Competition, cooperation, and innovation: Organizational arrangements for regimes of rapid technological progress [J]. Journal of Economic Behavior & Organization, 1992 (18).

[100] Tang M, Lan H. An empirical research on factors influencing the stability of the storage alliance based on contract: Springer Berlin Heidelberg, 2015, 23 (41): 15-21.

[101] Tucker B. Driving growth through innovation [M]. San Francisco: Berrett-Koehler Publishers, Inc. , 2002.

[102] Vapola T J, Paukku M, Gabrielsson M. Portfolio management of strategic alliances: An international business perspective [J]. International Business Review, 2010 (19): 247-260.

[103] Veugelers R. Innovation in EU merger control: Walking the talk [J]. Bruegel Policy Contribution, 2012 (4): 68-82.

[104] Vidal J M. Book review: Objective coordination in multiagent system engineering: Design and implementation [J]. Acm Computing Reviews, 2001, 14 (8): 1103-1137.

［105］Wang Z T. Knowledge integration in collaborative innovation and a self-organizing model ［J］. International Journal of Information Technology & Decision-Making, 2012, 11 (2): 427-440.

［106］Wassmer U, Dussauge P. Network resource stocks and flows: How do alliance portfolios affect the value of new alliance formations? ［J］. Strategic Management Journal, 2012, 33 (7): 871-883.

［107］Xu S, Fang W, Cavusgil E . Complements or substitutes? internal technological strength, competitor alliance participation, and innovation development ［J］. Journal of Product Innovation Management, 2013, 30 (4): 750-762.

［108］Yan A, Zeng M. International joint venture instability: A critique of previous research, a reconceptualization, and directions for future research ［J］. Journal of International Business Studies, 1999, 30 (2): 397-414.

［109］Yan A M, Barbara G. Bargaining power, management control, and performance in United States-China Joint Ventures: A comparative case study ［J］. The Academy of Management Journal, 1994, 37 (6): 1478-1517.

［110］Yang J, Wang J, Wong C W. Relational stability and alliance performance in supply chain ［J］. Omega, 2008, 36 (4): 600-608.

［111］Yan A M, Barbara G. Antecedents and effects of parent control in international joint ventures ［J］. Journal of Management Studies, 2001, 38 (3): 393-416.

［112］Yasuda Y, Muto T, Hiyoshi H, Takano T, Yoshikawa J. Absorption, metabolism, degradationand urinary excretion of rosmarinicacid after intake of Perilla frutescens extract in humans ［J］. European Journal of Nutrition, 2005 (41): 136-151.

［113］Zhao M G. Analysis of the granularity of task decomposition in enterprise alliance based on system dynamics ［J］. Machinery Design & Manufacture, 2010 (8): 314-316.

［114］Zaheer A M B，Perrone V．Does trust matter? Exploring the effect of inter-organization and interpersonal trust on performance［J］．Organization Science，1988（9）：141-159．

［115］Zeng M，Chen X．Achieving cooperation in multiparty alliances：A social dilemma approach to partnership management［J］．Academy of Management Review，2003，28（4）：587-605．

［116］白列湖．管理协同机制研究［D］．武汉：武汉科技大学，2005．

［117］陈菲琼，范良聪．基于合作与竞争的战略联盟稳定性分析［J］．管理世界，2007（7）：102-110．

［118］陈劲，阳银娟．协同创新的理论基础与内涵［J］．科学学研究，2012（2）：161-164．

［119］曹兴，龙凤珍．技术联盟伙伴选择因素与联盟绩效的关系研究［J］．软科学，2013，27（6）：53-58．

［120］崔强，李烨，匡海波．基于信任和演化博弈的空港联盟退出算法研究［J］．系统工程理论与实践，2015（8）：2034-2043．

［121］段云龙，张新启，余义勇．产业技术创新战略联盟稳定性影响因素研究［J］．经济问题探索，2019（2）：173-182．

［122］段云龙，余义勇，于东平，杨立生，刘永松．基于两阶段关联DEA法的产业技术创新战略联盟运行效率研究［J］．科技管理研究，2017，37（11）：49-58．

［123］段云龙，黄磊，张新启．基于DEMATEL-ANP的战略性新兴产业创新能力评价研究［J］．科技管理研究，2019，39（13）：81-91．

［124］方城幸．我国物流企业战略联盟稳定性影响因素分析［J］．山西农经，2020，286（22）：130-132．

［125］傅慧，朱雨薇．联盟管理能力与联盟绩效：基于关系资本的视角［J］．软科学，2012，26（6）：92-95．

［126］方静，武小平．产业技术创新联盟信任关系的演化博弈分析［J］．

财经问题研究，2013（7）：37-41.

[127] 胡争光，南剑飞. 产业技术创新战略联盟战略问题研究 [J]. 科技进步与对策，2011，28（2）：74-77.

[128] 黄俊，李传昭，张旭梅，邱钊. 战略联盟管理与联盟绩效的实证研究：基于动态能力的观点 [J]. 科研管理，2007，28（6）：98-107.

[129] H. 哈肯. 协同学——自然成功的奥秘 [M]. 戴鸣钟，译. 上海：上海科学普及出版社，1988.

[130] 简兆权，李垣. 战略联盟的形成机制：非零和合作博弈 [J]. 科学学与科学技术管理，1998（9）：17-18.

[131] 江旭. 联盟信任与伙伴机会主义的关系研究——来自我国医院间联盟的证据 [J]. 管理评论，2012，24（8）：51-57.

[132] 李国武，李玲玲. 产业技术创新战略联盟研究综述 [J]. 科技进步与对策，2012（22）：162-166.

[133] 李菁华，李雪. 论高技术产业集群的网络治理机制 [J]. 科学管理研究，2008，26（3）：32-35.

[134] 李新男. 创新"产学研结合"组织模式——构建产业技术创新战略联盟 [J]. 中国软科学，2007（5）：9-12+42.

[135] 李瑞光. 产业技术创新战略联盟稳定性研究 [D]. 昆明：昆明理工大学，2015.

[136] 李煜华，武晓锋，胡瑶瑛. 共生视角下战略性新兴产业创新生态系统协同创新策略分析 [J]. 科技进步与对策，2014，31（2）：47-50.

[137] 李玥. 产业技术创新战略联盟稳定性机制研究 [D]. 太原：太原理工大学，2019.

[138] 刘林舟，武博，孙文霞. 产业技术创新战略联盟稳定性发展模型研究 [J]. 科技进步与对策，2012，29（6）：62-64.

[139] 刘学. 信任、关系、控制与研发联盟绩效——基于中国制药产业的研究 [J]. 南开管理评论，2008，11（3）：44-50.

［140］梁帅，李海波，李钊．科研院所主导产学研联盟协同创新机制研究——以海洋监测设备产业技术创新战略联盟为例［J］．科技进步与对策，2017，34（18）：1-6.

［141］梁招娣．产学研联盟稳定性影响因素及其运行机制研究［D］.广州：华南理工大学，2015.

［142］李书学．基于共生理论的产业链稳定性研究——以我国路桥产业为例［J］.江西社会科学，2013，33（10）：215-218.

［143］Michael Port.竞争优势［M］.北京：中国财政经济出版社，1988.

［144］毛伟琴．企业战略联盟稳定性的影响因素研究［J］.商贸纵横，2015（21）：102.

［145］牛振喜，肖鼎新，魏海燕，郭宁生．基于协同理论的产业技术创新战略联盟体系构建研究［J］.科技进步与对策，2012，29（22）：76-78.

［146］潘东华，孙晨．产业技术创新战略联盟创新绩效评价［J］.科研管理，2013（S1）：296-301.

［147］潘开灵，白列湖，程奇．管理协同倍增效应的系统思考［J］.系统科学学报，2007（1）：70-73.

［148］潘和平，孙道胜．互依·联盟·博弈：产业技术校企协同创新机制［J］.安徽师范大学学报（人文社会科学版），2013，41（3）：322-327.

［149］彭本红，周叶．企业协同创新中机会主义行为的动态博弈与防范对策［J］.管理评论，2008（9）：3-8.

［150］秦斌．企业间的战略联盟：理论与演变［J］.财经问题研究，1998（3）：9-14.

［151］秦书生．现代企业自组织运行机制［J］.科学学与科学技术管理，2001（2）：38-41.

［152］孙晋众，陈世权．基于集值统计的战略联盟评价模型［J］.模糊系统与数学，2005（3）：129-133.

［153］史宪睿，王喜闻，葛丽丽．核心企业主导的技术创新联盟稳定性

控制机制研究 ［J］. 经济师, 2014, 308 （10）: 21-23.

［154］宋艳红. 基于共生理论的产业技术创新联盟稳定性研究 ［J］. 中国商贸, 2013, 596 （35）: 148-149.

［155］孙红涛, 王立. 基于信任机制的企业联盟稳定性研究 ［J］. 经济研究导刊, 2020 （18）: 20-21+38.

［156］谭建伟, 梁淑静. 产业技术创新战略联盟共生系统稳定性分析 ［J］. 重庆大学学报（社会科学版）, 2014, 20 （5）: 25-33.

［157］谭建伟, 耿文俊, 邱冬冬. 西部地区产业技术创新战略联盟运行绩效评价——基于 Choquet 模糊积分的实证研究 ［J］. 科技管理研究, 2018, 38 （2）: 49-57.

［158］谭春辉, 王仪雯, 郭洋. 基于共生理论的虚拟学术社区科研合作稳定性研究 ［J］. 现代情报, 2021, 41 （3）: 15-28.

［159］王玉梅, 罗公利, 周广菊. 产业技术创新战略联盟网络协同创新要素分析 ［J］. 情报杂志, 2013, 32 （2）: 201-207.

［160］王康, 王晓慧. 产业技术创新战略联盟的技术竞争情报协同服务模式研究 ［J］. 情报科学, 2018, 36 （10）: 54-57+83.

［161］王道平, 韦小彦, 方放. 基于技术标准特征的标准研发联盟合作伙伴选择研究 ［J］. 科研管理, 2015, 36 （1）: 81-89.

［162］徐飞, 徐立敏. 战略联盟理论研究综述 ［J］. 管理评论, 2003, 15 （6）: 12-18.

［163］解学梅, 王宏伟. 产业技术创新战略联盟稳定性影响机制研究——一个合作机制视角的多案例探索性分析 ［J］. 科技进步与对策, 2020 （3）: 68-77.

［164］解学梅, 孙科杰. 产业技术创新战略联盟长效合作机制: 基于144 家联盟的实证研究 ［J］. 系统管理学报, 2018, 27 （3）: 401-413.

［165］熊莉, 沈文星. 基于 DEA 方法的产业技术创新战略联盟绩效评价——以木竹产业技术创新战略联盟为例 ［J］. 财会月刊, 2017 （29）:

70-75.

[166] 杨柏．基于平衡计分卡的汽车企业动态联盟供应链绩效评价研究 [J]．管理世界，2007（8）：161-162.

[167] 叶大军，张霜．资源协同效应与战略联盟稳定性 [J]．经营与管理，2010（12）：73-74.

[168] 叶娇，原毅军．跨国技术联盟中文化差异与知识转移绩效研究 [J]．财经问题研究，2011（10）：107-111.

[169] 袁纯清．共生理论：兼论小型经济 [M]．北京：经济科学出版社，1998.

[170] 袁满．创新型中小企业战略联盟稳定性影响因素研究 [D]．沈阳：辽宁大学，2016.

[171] 余维新，熊文明．知识生态系统稳定性及其关系治理机制研究——共生理论视角 [J]．技术经济与管理研究，2020，287（6）：31-35.

[172] 朱永明，郭家欣．产业技术创新战略联盟企业竞合策略研究——基于联盟企业不对称学习能力视角 [J]．科技管理研究，2020，40（20）：133-141.

[173] 张业圳，林翊．产业技术创新战略联盟协同创新的演化博弈分析 [J]．福建师范大学学报（哲学社会科学版），2015（2）：22-30.

[174] 张晓梅，张佳馨．玉米深加工产业技术创新战略联盟运行绩效影响因素实证研究——基于黑龙江省调研数据 [J]．科技管理研究，2018，38（18）：172-179.

[175] 张学文，赵惠芳．产业技术创新战略联盟绩效影响因素研究：基于两素产业的实证测量 [J]．科技管理研究，2014，34（5）：120-123.

[176] 张照远．组织间知识转移、动态能力与技术联盟稳定性 [D]．太原：山西财经大学，2020.

[177] 张海峰，王爽，张美丽．信息资源共享对物流联盟稳定性的影响分析 [J]．商业经济研究，2017（19）：100-102.

［178］赵宇，王庆金．文化创意产业技术创新战略联盟系统动力学分析
［J］．理论学刊，2017（6）：95-100.

［179］周青，韩文慧，杜伟锦．技术标准联盟伙伴关系与联盟绩效的关
联研究［J］．科研管理，2011，32（8）：1-8.

附　录

一、2015～2021 年全国部分产业技术创新 战略联盟成员构成情况

序号	领域	联盟名称
1	新一代信息技术产业、遥感与导航（14家）	TD 产业技术创新战略联盟
		存储产业技术创新战略联盟
		长风开放标准平台软件联盟
		WAPI 产业技术创新战略联盟
		闪联产业技术创新战略联盟
		光纤接入（FTTx）产业技术创新战略联盟
		开源及基础软件通用技术创新战略联盟
		集成电路封测产业槌术创新战略联盟
		电子贸易产业技术创新战略联盟
		遥感数据处理与分析应用产业技术创新战略联盟
		小卫星遥感系统产业技术创新战略联盟
		航空遥感数据获取与服务技术创新联盟
		导航定位芯片与终端产业技术创新战略联盟
		地理信息系统产业技术创新战略联盟

续表

序号	领域	联盟名称
2	第一产业领域 （23家）	农业装备产业技术创新战略联盟
		高值特种生物资源产业技术创新战略联盟
		杂交水稻产业技术创新战略联盟
		木竹产业技术创新战略联盟
		茶产业技术创新战略联盟
		乳业产业技术创新战略联盟
		农药产业技术创新战略联盟
		柑橘加工产业技术创新战略联盟
		油菜加工产业技术创新战略联盟
		肉类加工产业技术创新战略联盟
		大豆加工产业技术创新战略联盟
		缓控释肥产业技术创新战略联盟
		饲料产业技术创新战略联盟
		畜禽良种产业技术创新战略联盟
		食品安全检测试剂和装备产业技术创新战略联盟
		玉米产业技术创新战略联盟
		食用植物油产业技术创新战略联盟
		冷链食品物流产业技术创新战略联盟
		农作物种业产业技术创新战略联盟
		南海区海水种苗产业技术创新战略联盟
		果蔬加工产业技术创新战略联盟
		生物质能源产业技术创新战略联盟
		食品装备产业技术创新战略联盟
3	节能环保、能源和 生物产业（25家）	再生资源产业技术创新战略联盟
		新一代煤（能源）化工产业技术创新战略联盟
		城市生物质燃气产业技术创新战略联盟
		金属矿产资源综合与循环利用技术创新战略联盟
		冶金矿产资源高效开发利用产业技术创新战略联盟
		高效节能铝电机技术创新战略联盟
		有色金属工业环境保护产业技术创新战略联盟
		煤炭开发利用技术创新战略联盟

序号	领域	联盟名称
3	节能环保、能源和生物产业（25 家）	煤层气产业技术创新战略联盟
		尾矿综合利用产业技术创新战略联盟
		太阳能光热产业技术创新战略联盟
		抗生素产业技术创新战略联盟
		维生素产业技术创新战略联盟
		流感疫苗技术创新战略联盟
		传染病诊断试剂产业技术创新战略联盟
		火力发电产业技术创新战略联盟
		煤炭地下气化产业技术创新战略联盟
		抗肿瘤药物产业技术创新战略联盟
		抗体药物产业技术创新战略联盟
		淮河流域再生水利用与风险控制产业技术创新战略联盟
		生物医用材料产业技术创新战略联盟
		通用名药物品种产业技术创新战略联盟
		干细胞与再生医学产业技术创新战略联盟
		肿瘤微创治疗产业技术创新战略联盟
		节能降耗水处理装备产业技术创新战略联盟
4	材料和装备制造产业（35 家）	钢铁可循环流程技术创新战略联盟
		半导体照明产业技术创新战略联盟
		多晶硅产业技术创新战略联盟
		化纤产业技术创新战略联盟
		汽车轻量化技术创新战略联盟
		染料产业技术创新战略联盟
		有色金属钨及硬质合金技术创新战略联盟
		医疗器械产业技术创新战略联盟
		数控机床高速精密化技术创新战略联盟
		长三角科学仪器产业技术创新战略联盟
		新一代纺织设备产业技术创新战略联盟
		商用汽车与工程机械新能源动力系统产业技术创新战略联盟
		数字音视频编解码（AVS）产业技术创新战略联盟

续表

序号	领域	联盟名称
4	材料和装备制造产业（35家）	激光加工产业技术创新战略联盟
		光刻设备产业技术创新战略联盟
		激光显示产业技术创新战略联盟
		集成电路设计产业技术创新战略联盟
		智能数字家电产业技术创新战略联盟
		数控成型冲压装备产业技术创新战略联盟
		滚动轴承产业技术创新战略联盟
		电动汽车产业技术创新战略联盟
		高效精密磨具产业技术创新战略联盟
		四方国件中间件产业技术创新战略联盟
		高档重型机床产业技术创新战略联盟
		四方国件中间件产业技术创新战略联盟
		高档重型机床产业技术创新战略联盟
		光纤材料产业技术创新战略联盟
		智能交通产业技术创新战略联盟
		非晶节能材料产业技术创新战略联盟
		国产科学仪器设备应用示范产业技术创新战略联盟
		新型健身器材产业技术创新战略联盟
		住宅科技产业技术创新战略联盟
		烟气脱硝产业技术创新战略联盟
		有机（类）肥料产业技术创新战略联盟
		有色金属短流程节能冶金产业技术创新战略联盟

二、管理协同与联盟稳定性问卷题项

以下题项均采用李克特七点量表，从非常不满意到非常满意，非常不满意记1分，非常满意记7分，根据每一题项的最终得分和衡量其各方面的协同程度。

1. 贵公司与合作伙伴的物质资源互补性很强。

2. 贵公司与合作伙伴的人力资源能够发挥良好的协同作用。

3. 贵公司与合作伙伴的资源结构具有很强的互补性。

4. 贵公司所在的联盟能在预算内完成既定目标。

5. 贵公司所在联盟目标完成的效率非常高。

6. 贵公司与合作伙伴的目标一致性很高。

7. 贵公司与合作伙伴能够充分地进行知识共享。

8. 贵公司的研发人员与合作伙伴的研发人员经常进行技术交流。

9. 贵公司所在联盟团队成员学习频率非常高。

10. 贵公司的高管与合作伙伴的高管具有很好的私人关系。

11. 贵公司对所在联盟投入了大量有用的资源或技术支持。

12. 贵公司能够从联盟的合作中提高公司的社会资本。

13. 合作伙伴对联盟做出了专用关系资产承诺。

14. 贵公司与合作伙伴在研发方面进行深入合作。

15. 贵公司所在的联盟建立了良好的创新机制。

16. 贵公司与合作伙伴共享创新成果。

17. 贵公司与联盟伙伴的合作很愉快。

18. 贵公司通过联盟合作提高了企业竞争力。

19. 贵公司通过联盟合作，希望继续合作下去。

20. 贵公司通过联盟合作提高了公司市值。

21. 贵公司通过联盟合作获得了有用的外部知识。

22. 贵公司通过联盟合作 RD 创新能力得到了很大提高。

23. 在联盟合作期间，合作伙伴账款交付及时，无欺诈行为；对其财务透明度满意。

24. 贵公司合作伙伴的合作经验很丰富。

25. 在联盟合作期间，合作伙伴共享了大量有用的信息。

后　记

本书的出版得到了国家自然科学基金项目"创新型企业持续创新机遇决策模式与机制研究"（71262016）、"创新型企业持续创新过程战略风险决策及预警研究"（71663058）及云南省应用基础研究重点项目"产业技术创新战略联盟动态稳定性及协同机制研究"的资助。

本书基于社会网络理论、共生理论、资源基础理论与知识管理理论，构建研究的理论基础。结合创新实践，将产业技术创新战略联盟分为政府主导型、高校院所主导型、企业主导型和中介机构主导型，对联盟的概念、运行模式/特征与代表性案例等方面进行深入探讨，分析和构建产业技术创新战略联盟动态稳定性模型及运行效率评价模型，对联盟动态稳定性模型及其影响因素进行实证分析，从知识协同、创新协同、关系协同、资源协同、目标协同五方面构建联盟协同机制，从而实现提高产业技术创新战略联盟动态稳定性水平，提升联盟运行效率的目的。本书对于进一步深化与完善创新管理、战略管理、协同管理理论具有一定的理论意义，同时研究成果为云南省培育和发展产业技术创新战略联盟提供理论依据，为当地科技部门支持产业技术创新战略联盟建设提供理论指导和实践范例，为推进创新型云南行动建设，构建面向南亚、东南亚科技创新中心，为推进云南省经济社会高质量发展提供智力支撑。

本书以大量的实地调研和一手数据收集为基础，调研组分赴云南省大理州、红河州、昆明市等州市对产业技术创新战略联盟现状进行深入调研，在当地政府的关心和支持下，对当地产业技术创新战略联盟展开深入访谈，完成了 1000 余份调研问卷，收集了大量资料和数据，从而为本书的顺利完成奠定了坚实的基础。在此对参与本书调研和访谈的工作人员和企业管理者付出的辛勤劳动表示衷心的感谢！

本书由云南财经大学刘永松、段云龙作为主要负责人组织撰写，统一审定和统稿，部分研究生参与到本书的写作中，其中，刘含笑、彭丽娟参与撰写了第一章和第二章，邓芷晴、黄瑞参与撰写了第三章，刘姝伶、彭佳珺参与撰写了第四章，杨萌、陈奕霖参与撰写了第五章，张新启、穆昶、刘文敬参与撰写了第六章和第七章，刘永松、刘宇书参与撰写了第八章和第九章。

在本书撰写过程中得到很多同事和老师的关心和支持，参考借鉴了大量国内外的相关文献和资料，在此表示衷心感谢！本书列出了主要的参考文献，若有遗漏，敬请谅解。

由于笔者水平有限，加之时间仓促，疏漏和错误在所难免，恳请各位专家、读者批评指正。

刘永松

2022 年 4 月 20 日